Serge D. Mangin
ANNÄHERUNGEN AN ERNST JÜNGER

Serge D. Mangin

ANNÄHERUNGEN AN ERNST JÜNGER

1990 – 1998

Mit 121 Abbildungen

LANGEN MÜLLER

Übersetzungen von Inga Meinecke (Seite 9–32)
und Charlotte Ronsieck (Seite 103–109)

© 1998 by Langen Müller
in der F. A. Herbig Verlagsbuchhandlung GmbH. München
Alle Rechte vorbehalten
Schutzumschlag: Wolfgang Heinzel
Satz: Filmsatz Schröter GmbH, München
Herstellung: Anja Beck
Druck und Binden: Printer Portuguesa – Ein Mohndruck-Betrieb
Printed in Portugal
ISBN 3-7844-2701-4

In Memoriam Ernst Jünger
(1895–1998)

Ein Wort des Dankes

Dem Klett Cotta-Verlag möchte ich für die Genehmigung des Abdrucks der zahlreichen Jünger-Texte danken, an dieser Stelle insbesondere Frau Schirmer. Eine wertvolle Hilfe war mir in diesem Zusammenhang die 1988 ebenfalls bei Klett Cotta erschienene grundlegende Arbeit von Heimo Schwilk »Ernst Jünger. Leben und Werk in Bildern und Texten«.

Viel Unterstützung und Zuspruch erfuhr ich bei der Arbeit an diesem Buch durch Frau Jünger und einen Neffen des Dichters wie dessen Frau, in deren Garten seinerzeit meine Arbeit am Porträt des Dichters ihren Anfang genommen hatte. Überdies wurde mir eine Menge Material zur Verfügung gestellt, u. a. Jüngers wenig bekannte »Prognosen«, deren Herausgeber, Bernd Klüser, mir freundlicherweise daraus zu zitieren gestattete.

Zu danken habe ich schließlich dem Verlag und seinem Lektor, Rochus von Zabuesnig, für eine fruchtbare und freundschaftliche Zusammenarbeit.

München, im August 1998

Inhalt

Ein Wort des Dankes 6

»Sie gehören zur kleinen Gruppe der Vermittler ...« 9

I

»Schutzengel« – was mich mit E. Jünger verband 10

»Als ich den Blick des Anarchen in Bronze bannte« 13

»Ein großer Tag: Er hatte mein gültiges Altersbild geschaffen« 32

Kreta – »Wir badeten bei stürmischem Wetter« 39

II Annäherungen

Der letzte Ritter oder »eine Zeit nimmt Abschied« 50

Der Baum oder »die Macht des Urbildes« 52

Polemos oder das männliche und weibliche Prinzip 54

Apokalypse oder die atomare Bedrohung 57

Der Barbarei entgegen oder »außerhalb der Historie« 59

Leitmotive oder über die Freiheiten 62

Blau oder die Farbe der Freiheit 66

Die rote Farbe oder »unser irdischer Lebensstoff« 68

Der Hirt oder der Götter Sieg 71

Der Götter Sturz oder Wiedersehen auf Kreta 74

Der Waldgänger oder »man muß wissen, was man sich leisten kann« 76

Das Paradies oder »im gotischen Gewölb« *78*

»Hund und Katz« oder »daran erkennt man den Dichter« *81*

Das Tier im Kosmos oder »mörderische Züge« *83*

Buddha und Kuros oder von Weisheit und Kühnheit *86*

Henry Miller oder Zeit haben *89*

»Leuchttürme« oder was bleibt *92*

Karl Martell oder »was wäre gewesen, wenn« *94*

Europa oder »der gordische Knoten« *97*

III

»Weiterleben zwischen verborgenen Schätzen« *103*

»Die letzte große Expedition« *110*

Lebensdaten E. Jünger *114*
Werkverzeichnis E. Jünger *117*
Bildnachweis *120*

»Sie gehören zu der kleinen Gruppe der Vermittler ...«

»... Sie erzählen mit Humor, wie schwierig es war, Ernst Jünger als Modell zu erleben, und wie es Ihnen nach und nach gelungen ist, sein Vertrauen zu gewinnen und ihn schließlich auch als Freund, der Sie sogar auf Ihrer Insel Kreta besucht hat. Dieses zuversichtliche Verhältnis zwischen dem Künstler und seinem Modell reflektiert meiner Ansicht nach deutlich Ihre Grundhaltung dem ›Anderen‹ gegenüber; ohne dieses positive Vertrauen, dieses positive Verhalten wäre es Ihnen wahrscheinlich nicht möglich, das, was für Sie das Wesen des Porträts ausmacht, zu erreichen – ich zitiere: ›eine in bescheidene irdische Materie gefaßte kosmische Vision der Menschen‹.
Lieber Herr Mangin, ich möchte die Unruhe, die ab und zu in Erscheinung tritt, wenn Sie zum Beispiel den Satz von Ernst Jünger zitieren: ›Manchmal möchte ich die Flucht in die Wälder antreten‹, verjagen. Sie gehören zu der kleinen Gruppe der ›Vermittler‹ zwischen mehreren Ländern, mehreren Kulturen, und wir brauchen mehr denn je Menschen wie Sie ...«

Aus der Rede des Botschafters der Republik Frankreich, seiner Exzellenz François Scheer, anläßlich der Vernissage der Ausstellung von Serge D. Mangin im Messe-Zentrum, Berlin, am 16. Mai 1995.

I

*»Schutzengel« –
was mich mit Ernst Jünger verband*

Oft werde ich gefragt, wie und aus welchem Grund ich Bildhauer geworden sei. Manchmal gebe ich mir selbst die Antwort: Weil ich einmal auf wundersame Weise am Leben geblieben bin.
Diese Geschichte hat einen ganz banalen Anfang. Während einer Massenschlägerei unter Wehrpflichtigen aus dem Elsaß und anderen Teilen Frankreichs verlor ich die Hälfte meiner Uniform in den Herbstnebeln von Fontainebleau. Ich muß so um die 20 Jahre alt gewesen sein. Ich war ziemlich betrunken, trotzdem war mir klar, daß ich in meinem Zustand unmöglich am Wachposten vorbei in meine Unterkunft kommen würde, ohne Rechenschaft ablegen zu müssen.
Zwei deutsche Fremdenlegionäre aus Leipzig – sie mit ihrem Legionärsfranzösisch, ich mit meinen dürftigen Deutschkenntnissen – halfen mir aus dieser Klemme. Die beiden waren gebaut wie Schränke. Ich konnte mich hinter dem Rücken des einen verstecken, während der andere die Aufmerksamkeit des Wachpostens ablenkte. Wie ein krankes Kind brachten mich die beiden Kerle dann zu Bett und dachten sogar daran, das Fenster zu schließen, damit ich mich nicht erkälte…
Ungefähr zehn Jahre später bekam ich es mit weitaus bedrohlicheren Nebeln als jenen von Fontainebleau zu

tun – Hamburger Nebeln. Diesmal ging es mitnichten um eine Schlägerei zwischen betrunkenen Soldaten, sondern um den Kampf auf Leben und Tod, um lautlose tödliche Nebel. Ich kam von einem Studentenball, einem Maskenball in der Mensa Schlüterstraße. Ich glaube, an jenem Tag hatte ich alles, fast alles verloren, die Geliebte, meine Arbeit am Institut Français, und zum Ende des Monats war mir mein Zimmer gekündigt worden. Dazu kam, daß alle meine künstlerischen Versuche bisher vergeblich geblieben waren. Es hatte mich mit einem Worte jene entsetzliche Verzweiflung gepackt, die den Menschen erst wirklich zum Menschen macht und ohne deren Erfahrung er vom Leben nichts weiß.

Meine zwei »Schutzengel« Rolf und Hans

Es war Winter, der Neuschnee war noch völlig unberührt und der Himmel so klar wie in den Nächten auf dem Peloponnes. Der gesamte Kosmos gab sich ein äußerst bizarres Stelldichein.

Die verlassenen Gärten der Universität schienen mir wie geschaffen für mein Vorhaben, meinen Sorgen ein für allemal ein Ende zu bereiten. Ein Satz Goethes ging mir im Kopf herum: »Wer sich entschließen kann, besiegt den Schmerz.«

Die Entscheidung traf ich nicht schnell, auch nicht langsam, aber entschlossen. Ich trug einen langen Ledermantel, den ich nun wie ein Bett auf dem Schnee ausbreitete. Ich hatte eine Flasche roten Bourgogne bei mir. Noch heute kann ich mich an die Marke erinnern, aber wie diese Flasche in meinen Besitz gelangt ist, weiß ich nicht mehr. Ich ließ mich nieder und leerte die Flasche in zwei oder drei langen Zügen. Voll Andacht blickte ich in den Sternenhimmel, während mir die

»Schutzengel« – was mich mit Ernst Jünger verband

E. Jünger als Fremdenlegionär

Tränen über das Gesicht liefen. Das sollte also das Ende sein! Aus weiter Ferne drang eine Stimme an mein Ohr: »Den können wir doch hier nicht liegen lassen.«
Zwei Unbekannte hoben mich auf, fanden in einer meinen Taschen meine Adresse und meine Schlüssel und brachten mich auf mein Zimmer. Es waren die beiden Legionäre aus Leipzig.

Bei einem Kurzaufenthalt in Hamburg erinnerte ich mich wieder an diese unglaubliche Geschichte, die mir dort vor 25 Jahren in dieser Stadt zugestoßen war. Eigentlich sind es der etwas geheimnisvolle Verlauf der Ereignisse und das Auftauchen von Legionären, die der Anekdote eine geradezu jüngersche Atmosphäre verleihen und mich dazu bewogen, diese Geschichte aufzuschreiben. Als Jünger einmal in München war, überreichte ich sie ihm, versehen mit der Widmung »Für Ernst Jünger«.
Wir saßen bei Tisch, und ich beobachtete, wie er das Manuskript aus der Tasche zog, es aufmerksam las und die Papiere schließlich ohne die geringste Reaktion wieder in seine Jackentasche steckte. Verständlicherweise war ich enttäuscht, maß diesem Mißerfolg aber im Grunde wenig Bedeutung bei. Die Gespräche der Gäste nahmen weiterhin ihren Lauf, und ich selbst dachte nicht mehr an mein verschmähtes »Geschenk«. Eine halbe Stunde später wurde Jünger plötzlich nachdenklich. Er wandte sich mir zu und fragte: »Na ja, und was taten Sie da?«
»Was meinen Sie denn, Maître?«
»Na ja, als Sie die beiden Legionäre aus Leipzig wiedertrafen!«

»Als ich den Blick des Anarchen in Bronze bannte«

Es war relativ einfach, sich mit Ernst Jünger für ein erstes Treffen zu verabreden. Anders verhielt es sich mit der Arbeit selbst: Für ein Unternehmen mit derart unsicherem Ausgang Modell zu stehen, fehlte Jünger jede Lust, er schien darüber geradezu verärgert.
Aber auch von meiner Seite gab es dem Schriftsteller gegenüber einige ernsthafte Vorbehalte, die allerdings ganz anderer Natur waren. Vor allem verübelte ich ihm seine Begeisterung für den Krieg von 1914. Wie anders hatten da Céline und viele andere reagiert, für die der Erste Weltkrieg eine einzige ungeheure Bauernfängerei gewesen war, die verbrecherischste der gesamten Menschheitsgeschichte – ein europäischer Bürgerkrieg, der zwangsläufig zum Untergang Europas führen mußte. Inmitten pfeifender preußischer Gewehrkugeln bemerkt Céline: »Soweit ich zurückdenken kann, habe ich den Deutschen nie etwas zuleide getan, und ich frage mich, wie lange dieses furchtbare Mißverständnis noch andauern wird!«
Besonders entrüstete mich, daß Jünger bei Ausbruch des Zweiten Weltkrieges, nunmehr im reifen Alter von 45 Jahren und Familienvater, anscheinend nichts dazugelernt hatte und voller Neugierde erneut Front gegen Frankreich machte:

Céline (1894–1961)

»Als ich den Blick Anarchen in Bronze bannte«

16. April 1939: Krieg in kurzer Zeit; (…) Auf alle Fälle hat dann die Feder ganz zu ruhen, bis auf das Tagebuch. Die Arbeit muß den Augen übertragen werden, denn an Schauspiel wird kein Mangel sein.

11. November 1939: Im Abteil, in das meine neue Ordonnanz Rehm mir zwei Decken bringt: Seine Haltung ist gut, die eines Mannes am Schluß einer strammen und angestrengten Ausbildung…
Die Mittelfinger zeigen senkrecht nach unten, die Handteller sind scharf durchgedrückt, ohne Schwalbennester, wie sie sich bilden, wenn die Disziplin ihre Frische verliert.

15. Januar 1940: Auf dem Marsch laß ich immer singen, was den Leuten und mir selber gut bekommt.

17. Mai 1940: Auch wächst, je weiter wir vormarschieren, die Möglichkeit, daß wir links abgedreht werden. Es geht mir dabei fast wie 1914, wo ich befürchtete, nichts mehr von den Gefechten abzubekommen.

Ähnlich am 27. Mai 1940, als Ernst Jünger auf die Frage eines Generals nach seinem Wohlergehen antwortete: *Danke gut, Herr General. Darf man denn noch hoffen, daß man noch ins Feuer kommt?*

8. April 1940: Da die Franzosen (…) auch heute morgen wieder grundlos eine Serie von Schüssen auf unsere Stellung abgegeben hatten, und ich ihnen überhaupt von meinem Geburtstag her noch gram bin, ließ ich am Nachmittag zweihundertfünfzig Schuß Hartmunition mit Leuchtspan auf ihre Scharte feuern (…). Das Wetter ist freundlich, und die Leute, die sich in diesen

Tagen gelangweilt hatten, werden munter, so daß ich dergleichen öfter betreiben will.

Dagegen hatte Céline bereits am 22. August 1916 geschrieben:
»Sie berichten mir von einer Offensive, die glänzend verlaufen sei – so weit, so gut. Gleichwohl habe ich jedesmal, wenn das Wort Offensive fällt, das Bild eines Soldaten vor Augen: tot, gemordet, voller Blut im roten Schlamm liegend. Und mein Enthusiasmus verfliegt. Führen Sie sich dieses kleine Bild vor Augen, und ich glaube kaum, daß Sie, wenn Sie auch nur über einen Funken gesunden Menschenverstandes verfügen, den Offensiven künftig Beifall klatschen werden.«
So sahen also meine Vorbehalte Ernst Jünger gegenüber zu Beginn unserer Bekanntschaft aus. Bis dahin hatte ich von ihm allerdings nur die »Strahlungen« und nicht sein früheres Buch »In Stahlgewittern« gelesen, das ich heute für ein wirkliches Meisterwerk halte.

An einem strahlenden Sommertag, dem 2. Juli 1990, erreichte ich den herrlichen Münchener Garten seines Neffens, bei denen das Ehepaar Jünger einige Urlaubstage verbringen wollte. Meine Freunde, der Neffe und seine Gattin, und ich hatten einige Tage zuvor bereits mein Arbeitspodest und ein Gerüst mit einigen Handvoll Ton nahe des Schwimmbeckens aufgebaut, wo mir die Lichtverhältnisse am besten erschienen.
Ich wurde in ein lichtdurchflutetes Arbeitszimmer geführt. Dort saß Ernst Jünger in Anzug und Krawatte an einem Schreibtisch und arbeitete. Zu seinen Füßen schien ein Hund zu liegen, was mich sehr erstaunte,

verabscheute Jünger Hunde doch für gewöhnlich (die ihn durch den Stellungskrieg von 1915 begleitende Deutsche Schäferhündin allerdings hat er auf sehr eindrucksvolle Weise geschildert). Der Hund zu seinen Füßen war aber nur eine Nachbildung aus Plüsch.
Einige Sekunden lang hatte ich Gelegenheit, die würdige Ausstrahlung zu beobachten, die Ernst Jünger besitzt, wenn er sich die Feder in der Hand, ganz auf einen Text konzentriert. Dann erhob er sich kraftvoll, stand in tadelloser Haltung vor mir und schenkte mir ein freundliches Lächeln, das schnell eisig wurde:
»Meine Frau hat Ihnen bereits gesagt, daß ich morgens nicht zur Verfügung stehe?«
»Ich werde versuchen, meine Arbeit schnellstmöglich fertigzustellen, Maître!«

»Das wäre mir sehr angenehm!«
Übrigens war ich auf die stets wiederkehrende Frage vorbereitet: »War General Mangin Ihr Urgroßvater?«,

womit der traurig berühmte Sieger von Verdun gemeint ist. Aber die Frage blieb aus. Ebenso war es ein Irrtum zu glauben, wir würden viel über diesen Ersten Weltkrieg sprechen. Für ihn mußte dieser verlorene Krieg mit seinen großen Schmerzen in der Versenkung begraben bleiben. Statt der aktiven Erinnerung stellte sich eine Art latente Melancholie ein. Auf jeden Fall blieben alle meine Versuche vergebens, ihm Erinnerungen oder Anekdoten über diese furchtbare Metzelei zu entlocken. Außer der Bemerkung: »Die Leute glaubten immer, der Krieg bestünde aus Kämpfen. Aber im Krieg geht es vor allem darum, bei Kälte, Regen und mit leerem Magen zu warten. Dieser Krieg war, wie alle anderen, primär ein langer Stellungskrieg, in dem die ebenso kurzen wie heftigen

Kämpfe nur einen kleinen Teil unserer Zeit während der vier Frontjahre ausmachten.«

In meinem Tagebuch findet sich unter dem 2. Juli 1990 folgende Eintragung:

»Habe mit E. Jüngers Porträt begonnen. Ein Mann voll unglaublicher Lebenskraft. Zum Lesen benötigt er keine Brille, sein Blick ist zugleich voller Großzügigkeit und von durchdringender Härte, er hat ein angenehmes Lachen, hält sich wie ein Vierzigjähriger. Sein Körper ist braungebrannt, er hat volles Haar, hört ausgezeichnet, schreibt und macht sich Notizen. Und er ist 95! Auf diesem Stand meiner ersten Beobachtungen zähle ich Jünger zum Typus des Überlebenden, der von zwei Antriebskräften beherrscht wird: tiefe Liebe für das Leben auf der einen Seite und ungeheurer Egoismus auf der anderen: Daraus erklärt sich diese Dualität von Großzügigkeit und Härte.
Zu Beginn der Arbeit empfand ich Angst. Jünger tat nichts, um mir zu helfen, saß da und las. Aus Angst, ihn zu stören, war ich gezwungen, in großer Distanz zu ihm zu arbeiten. Nach und nach aber näherten wir uns. Er erhob sich, und ich konnte mich frei um ihn herum bewegen. Für eine erste Sitzung bin ich recht zufrieden.«

*

»3. Juli 1990

Mit dem Porträt von E. Jünger geht es schnell voran. Er besitzt das schönste Männergesicht, das ich je gesehen habe! Und sein Lächeln ist nicht das eines Greises, sondern das eines Mannes, der zu gefallen weiß. Von einer Sekunde zur anderen wechselt sein Gesichtsausdruck von größter Freude zu abgrundtiefer Melancholie, doch ohne daß dieser Wechsel brüsk erscheinen würde. Es ist mehr wie ein sanftes Gleiten. Dabei fällt mir plötzlich der Tod seines Sohnes ein, der in Italien durch einen Schuß mitten durch die Stirn getötet wurde. Er starb auf die gleiche Weise, wie er selbst einmal einen Engländer getötet hatte, dessen von der Kugel durchlöcherten Helm er aufbewahrt hat. Mit der Erinnerung daran erkläre ich mir einen Teil der latenten Traurigkeit Jüngers. Sieht er im Tod seines Sohnes vielleicht eine Form ausgleichender Gerechtigkeit?

Als ich ihm erzählte, daß sein Gesicht für mich, ähnlich wie die Gesichter Adenauers und Henry Millers, einen asiatischen Einschlag hätte, meinte er seine klassische Herkunft unterstreichen zu müssen. Adenauer hingegen hätte tatsächlich mongolisches Blut in seinen Adern gehabt ... Ich denke, daß dieser asiatische Ausdruck durch sein hohes Alter zu erklären ist – die zahlreichen senkrechten Falten auf Lippen und Nase, die stechenden Augen. Es ist das Gesicht eines alten Sioux-Häuptlings.

Jünger stellt bedauernd fest, daß auf dem Margeritenstrauß, der in unserer Nähe steht, keine Insekten zu sehen sind. Noch vor dreißig Jahren hätte es von Insekten nur so gewimmelt, heute dagegen gäbe es

Anton Rückel (1919–1990)

kaum noch welche ... Dies ruft mir die Worte meines, im Alter von 71 Jahren leider viel zu früh verstorbenen Lehrers Rückel ins Gedächtnis. Er erzählte mir von der paradiesischen Natur der deutschen Landschaft vor dem Zweiten Weltkrieg, wie er sie auf seinen zahlreichen Fahrradtouren kennengelernt hatte. ›Heutzutage dominieren im Frühling doch nur noch zwei Farben: Gelb und ein wenig Grün!‹

Jünger denkt, daß Europa einige Tragödien in diesem Jahrhundert erspart geblieben wären, da die Deutschen den Ersten Weltkrieg nicht gewonnen hätten. Versteht man den Zweiten Weltkrieg als eine direkte Folge des Ersten, so trifft dies sicher zu. Aber vielleicht hätten wir im Fall einer alliierten Niederlage unsere revanche-freudigen SS und SA gehabt, die zwar sicher anders, aber ebenso zu allem entschlossen gewesen wären.

Célines ›Reise ans Ende der Nacht‹ hat Jünger fasziniert. Seine frühere Abneigung ihm gegenüber erscheint Jünger nun übertrieben. Célines fanatische antijüdische Haltung während der Zeit der Okkupation hatte ihm immer äußerst mißfallen: ›In der Stunde des Unglücks hätte man ihnen beistehen müssen!‹

Laval soll in Wilflingen gewesen sein und vielen Franzosen das Leben gerettet haben.

Ich gestehe ihm, daß ich zuviel Bier trinke, und er antwortet erheitert: ›Mit Bier kann man sich nicht betrinken.‹ Er leert fast eine Flasche Wein pro Tag.

*

»4. Juli 1990
Einige Worte Jüngers, an die ich mich gut erinnere:
– Die Atomenergie ist gefährlich, aber es gibt nichts, was ungefährlich wäre. Die Zeit der Kohle aber ist vorbei.
– Wie Nietzsche es formulierte, sei der Mensch derart destruktiv, daß dieser unser Planet nicht viel verlöre, verschwände er von der Erdoberfläche. Für Jünger drückt diese Meinung nichts Nihilistisches aus, sondern ist eine völlig selbstverständliche Feststellung.
– Es sei ihm nie gelungen, beim Rauchen zu inhalieren, was er sehr bedauert! Während des Ersten Weltkriegs hätte er sehr viel Pfeife geraucht, im Zweiten nicht. Er möchte wieder damit anfangen und diesmal versuchen den Rauch zu inhalieren! Diese Überlegenheit des Gesunden schien mir für Jünger typisch zu sein, man hat fast den Eindruck, daß er an die Krankheit nicht glaubt. Diese Überlegung erscheint mir wirklich komisch.
– Jeden Morgen nähme er ein eiskaltes Bad. Im Winter, bei einer Wassertemperatur von 4°C, bliebe er nicht lange drin, ab 12°C Wassertemperatur mehrere Minuten. Hier schwimmt er jeden Nachmittag. Er scheint steif und fest an dieses Mittel zu glauben. Zum ersten Mal erscheint er mir naiv.
Wir haben von einem Treffen auf Kreta gesprochen und dies fest vereinbart. Er fragte mich, ob es Schlangen und Insekten in meinem Garten gäbe. Hätte ich diese Frage verneint, wären die Chancen für einen Besuch seinerseits sicher auf Null gesunken. Er scheint sich an einige Obsessionen dieser Art zu halten: eine einfache und kindliche Vorgehensweise.

In E. Jüngers Arbeitszimmer

Allmählich wird er immer freundlicher. Er erhebt sich auf meine Bitten hin, ohne zu zögern, und lächelt. ›Gut! Gut!‹ Meine Arbeit beobachtet er mit ständig wachsender Aufmerksamkeit. Ich sage ihm, daß er einen sanften und direkten Blick hat. Daraufhin erzählt er mir von einem anderen Franzosen, der seinen Blick auch als ›sanft und unerbittlich‹ beschrieben hatte. Sein Blick ist der eines alten Löwen, der eine Sekunde lang seine Umgebung in Angst und Schrecken versetzt und dann sogleich beruhigend um sich blickt.
Er hat grau-blau-grüne, wässrige Augen.
Er kannte Erhart Kästner gut. Die Dekadenz unserer Zeit habe Kästner auch melancholisch gestimmt. Es ist mir unmöglich zu sagen, ob es sich bei Jünger ebenso verhält. Zu diesem Zeitpunkt bleibt dies bei ihm ein Geheimnis.
Er fragte mich, warum ich keinen Zirkel verwenden würde. Ich antwortete ihm, daß optische Täuschungen eine Notwendigkeit seien. Auch im Parthenon wären die Linien gekrümmt, um gerade zu erscheinen.
›Gut! Gut!‹
Seine Frau und seine Nichte machten es sich im Sessel gemütlich, um mir beim Arbeiten zuzusehen, nachdem sie gefragt hatten, ob sie mich stören würden! Wie zwei kleine Mädchen saßen sie ganz brav da, still, die Hände auf den Knien. Ich war sehr bewegt und antwortete, ihre Gegenwart wäre mir angenehm.«

*

»6. Juli 1990

Die Arbeit an dem Porträt Jüngers wird zu einem wichtigen Erlebnis für mich. Es entwickelt sich zwischen uns eine Form der Freundschaft. Er ist einen Tag länger in München geblieben, damit ich das Porträt beenden kann, was mir sehr schmeichelt. Es erstaunt mich, welche Selbstbeherrschung notwendig ist, um das Porträt eines solchen Mannes beenden (und beginnen!) zu können. Beobachtungsgabe und Modellierkunst allein reichen nicht aus. Ein Bildhauer, der sich vor seinem Modell fürchtet, büßt alle seine Fähigkeiten ein...

Félix Nadar (1820–1910)

Bei einem Vergleich der Filme aus den dreißiger Jahren mit denen der letzten Dekade machten Jünger und ich die gleiche Feststellung: Die Stimmen und Gesichter waren vor einem halben Jahrhundert weitaus markanter, von den Porträts des Photographen Nadar vor hundert Jahren ganz zu schweigen. Bei den Gesichtern zeitgenössischer Politiker verhalte es sich ebenso, sagte ich ihm, Gesichter wie aus Amerika, runde Mondgesichter, fügte ich hinzu, wohlgenährt, aber bei dem kleinsten Stoß würden sie aus dem Gleichgewicht geraten. Er lachte von ganzem Herzen, sagte aber nichts.

Morgen ist die letzte Sitzung. Ich darf weder ihn noch seine Familie enttäuschen.

Bei der intensiven Lektüre von ›Siebzig verweht‹ entdeckte ich den Geist der ›Strahlungen‹ wieder, welche in keinster Weise, wie ich ursprünglich angenommen hatte, einer spirituellen Herzlosigkeit entspringen, sondern einer bewegenden Ferne, in der allein ich heute das Herz ihres Verfassers schlagen höre.

Ich erwähnte ihm gegenüber die von ihm wiedergegebene grauenhafte Geschichte von dem griechischen

»Als ich den Blick Anarchen in Bronze bannte«

Mein Tagebuch 1990–91

Helden, den die Türken vor einem Spiegel bei lebendigem Leibe häuteten. Ich gestand ihm, daß ich mich seither noch nicht einmal mehr zum Zahnarzt trauen würde. Er meinte, das sei Unrecht, gab aber zu, daß ihn diese Erzählung gleichfalls erschüttert hätte. Er insistierte auf der Grausamkeit der Türken. Sein Geständnis erschien mir sehr bedeutsam: erschüttert!«

*

»8. Juli 1990
Habe das Porträt von Ernst Jünger vollendet. Während der ganzen Sitzung hat er die Büste nicht aus den Augen gelassen und sich kein einziges Mal hingesetzt. Mir gefällt seine Art. Freude und Zustimmung offen zu zeigen, offen wie seine Verärgerung zu Beginn. Lob von ihm und seiner Familie. Ich gestand ihm meine anfängliche Furcht. Er antwortete mir mit einer Anekdote, die ich leider vergessen habe. Sinngemäß: Ohne Furcht kann nichts Gutes entstehen.«

*

Wilflingen, 12. Januar 1991
Am Vormittag kam Serge Mangin und brachte die Plastik, die er für eine Ausstellung entliehen hatte, zurück. Er schenkte dem Stierlein eine Skizze und meinte dazu, daß die Zeichnung eines Bildhauers auf den ersten Blick von der eines Malers zu unterscheiden sei... Bei »Form« denken wir wesentlich an die dritte

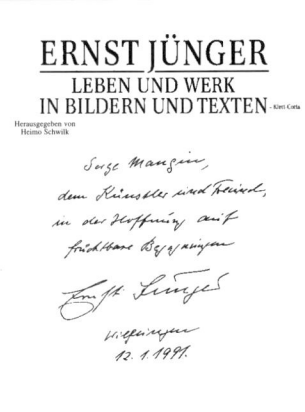

Dimension. Eine Plastik kann nicht nur gesehen, sondern auch gefühlt werden. Das Bildwerk ist nobel, das Komische hat hier wenig Zugang, abgesehen von Zwergformen und Chinoiserien. Nicht so das Häßliche, wie Tempelwächter und Dämonen ausweisen.

*

»Wilflingen, 12. Januar 1991
Ein unvergeßlicher Besuch bei Ernst Jünger und seiner Frau! Er schüttelte mir die Hand und ergriff meine Hände. Bei einer Flasche Champagner viel gelacht und angeregt diskutiert. Unser Lieblingsthema war die Bedeutung der Sinne, er favorisierte den Gesichts-, ich den Geruchssinn, dann gingen wir zu Schlangen und

Atomen über! ... Ich hoffe, es ist mir mit diesem Porträt gelungen, einen Denker auf dem Höhepunkt seiner Entwicklung darzustellen. Ich hatte das Glück, gerade in dem Augenblick einen Blick auf dieses Leben werfen zu dürfen, als es sich zu voller Pracht entfaltet hatte ...«

»Ein großer Tag: Er hatte mein gültiges Altersbild geschaffen!«

Anläßlich eines meiner Besuche bei den Jüngers erzählte ich dem Dichter von meinem Gedanken, ein Buch über meine Arbeit und Bekanntschaft mit ihm schreiben zu wollen.

Jünger war sehr angetan von dieser meiner Idee, was er mir auch durch eine Postkarte vom 8.8. 1994 wissen ließ:

»*Cher Ami,*
Danke für Ihre Sendung. Was Maler und Bildhauer über ihre Arbeit schreiben, m'attire toujours. Ich bin auf Ihr Buch gespannt. Ihr Ernst Jünger.«.

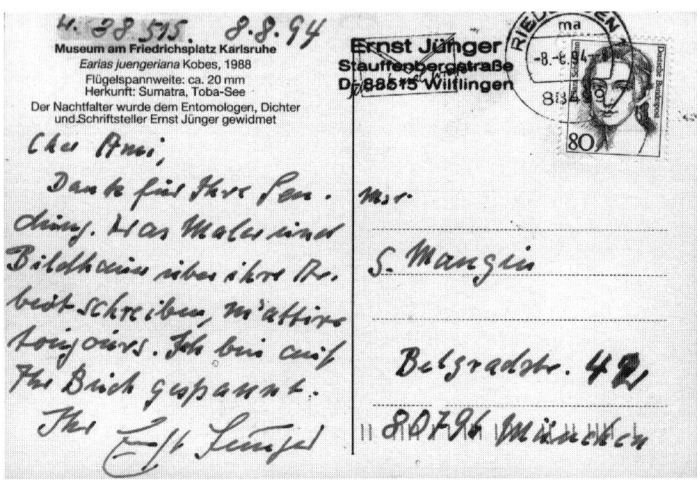

»*Ein großer Tag: Er hatte mein gültiges Altersbild geschaffen!*«

Für den Verlag, der allerdings zu diesem Zeitpunkt noch nicht feststand, schrieb er mir folgenden Text:

»Serge Mangin wandte sich im April 1990 an mich mit der Frage, ob er mich porträtieren dürfe – »aus philosophischen Gründen«, wie er in einem späteren Briefe schrieb. Er stellte sich vor als in Deutschland lebender Franzose, dem Europa und der Umweltschutz am Herzen liege; das klang nicht besonders originell, doch schrieb er in klaren, einfachen Sätzen von tadellosem Deutsch und ging ohne Umschweife auf sein Ziel zu.

Abbildung auf der Vorderseite von Jüngers Karte vom 8.8.94

Ich ließ ihn wissen, daß ich im Juli einige Tage in München, wo er lebte, zubrächte. Er fand sich zur gegebenen Zeit ein, und wir absolvierten bei herrlichem Sommerwetter eine Reihe von Sitzungen im Garten meines Neffen …

Zuerst waren wir beide reserviert – Mangin beschrieb das in einem Artikel, den er später in der »Süddeutschen Zeitung« veröffentlicht hat. Doch allmählich kamen wir ins Gespräch, von dem ich einiges in meinem Tagebuch festgehalten habe.«

*

München, 2. Juli 1990
Vermehrung des Schädel-Kabinetts. Ein guter Bildhauer, Serge Mangin, in Deutschland lebender Franzose, versucht sich an meinem Kopf. Er arbeitet mit Passion. Nach zwanzig Minuten muß er pausieren, die Augen schonen, Luft holen.
Ich darf lesen. Gespräche. Er meint, daß der Erste Weltkrieg die europäischen Eliten vernichtet habe; der Verlust sei nicht aufzuholen – dem möchte ich zustimmen, wenn ich an die Kameraden denke,

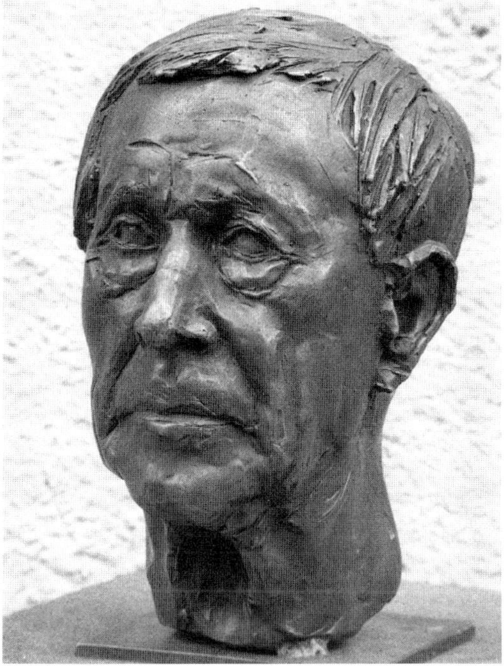

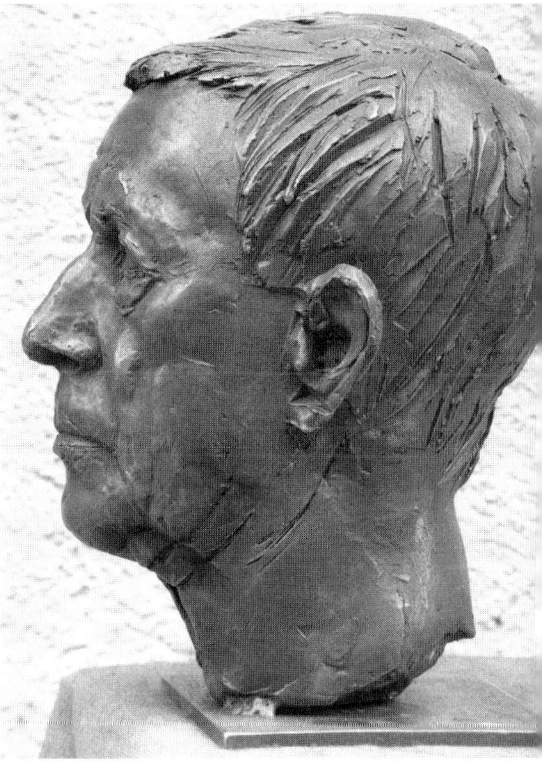

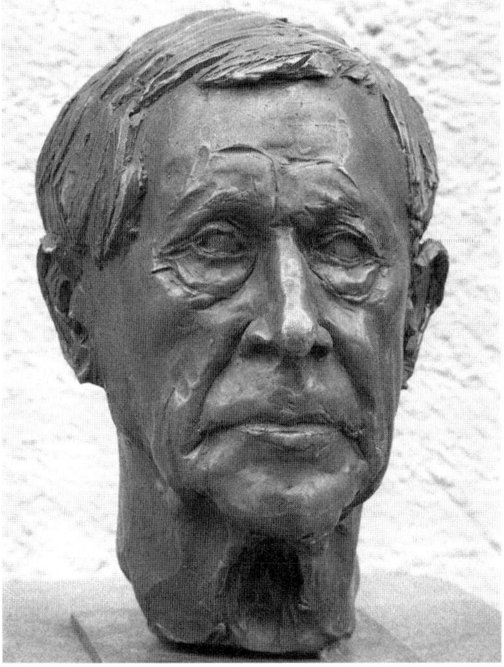

»Ein großer Tag: Er hatte mein gültiges Altersbild geschaffen!«

die ich verloren habe, und an ihr Niveau. Allerdings waren sie alle begeistert zu den Fahnen geeilt. Andererseits Fortschritte. Das Genie hat sich wie im Massiv eines Gebirges anonym verbreitet und in den Gipfeln kristallisiert. Die Erde ist am Zug.

Mangin hat bemerkt, daß, wenn er intensiv an einer Stelle des Gesichts, etwa dem Kinn, arbeitet, das Modell sich dort zu reiben oder zu kratzen beginnt.

Er habe eine Statue mit erhobener Hand gebildet; sie sei von der Kritik gerühmt worden, bis einer bemerkt habe, die Pose sei von Hitler inspiriert.

»Das Haar ist meine Belohnung«

München, 7. Juli 1990

Serge Mangin kommt zur letzten Sitzung; wir fahren morgen nach Wilflingen zurück. Verabredung für seinen Besuch dort und auch für Kreta, wo er ein Haus besitzt.

»Wenn ich die Haare zu früh mache, nehme ich voreilig einen Eindruck von Perfektion vorweg. Daher frisiere ich zuletzt. Das Haar ist meine Belohnung.«

»In den Cäsarenbüsten vereinen sich Ähnlichkeit und Allgemeines – die Köpfe von heute sind entweder ähnlich oder allgemein.«

»Das Zittern des Bildhauers muß sich auf sein Werk übertragen – dann verändert es sich nicht nur mit Zeit und Beleuchtung, sondern auch von innen heraus; es lebt fort.«

Bei der Arbeit sehe ich ihn behend vor- und zurückspringen und den Kopf nach links und nach rechts wenden. So visiert auch der Gecko seine Beute, bevor er die Zunge vorschnellt. Dem Künstler könnte es nützen, wenn er mit einem Auge schwächer sieht als mit dem anderen. Auf jeden Fall wird der stereoskopische Blick verstärkt, der dem Bildhauer unentbehrlich ist.

Wir kehrten also nach Hause zurück. Serge arbeitete an der Büste weiter. Ich notierte unterm 24. Juli:

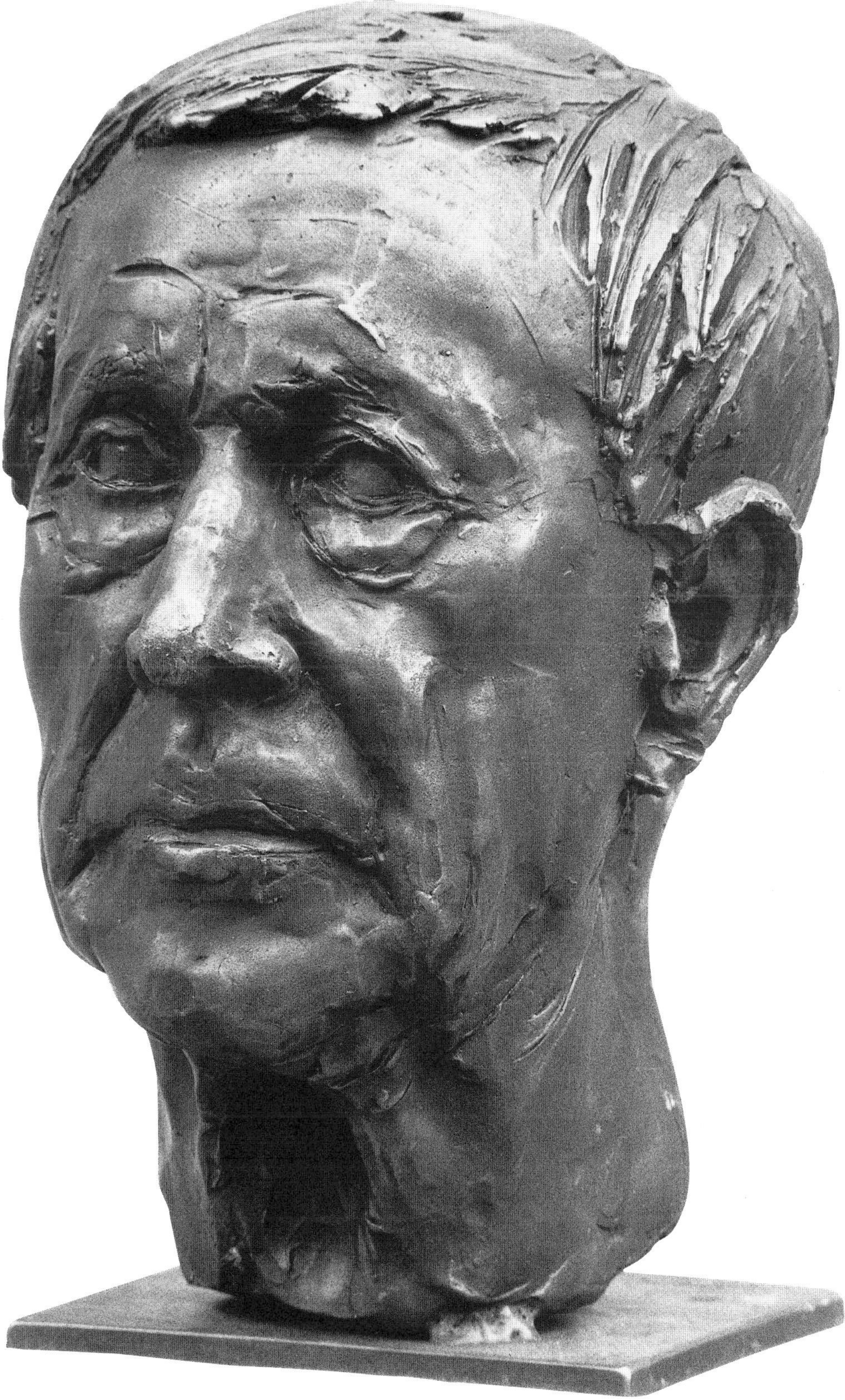

Briefe. Serge Mangin: »Die Büste hat in Wachs schon eine höhere Dimension gehabt. Sie wird Ende des Monats fertig sein.«

Kommt dann auf Thukydides: »Sie haben als distanzierter Zeuge dieses Jahrhunderts zwei Weltkriege als Drama des Abendlandes beschrieben wie er den Peloponnesischen Krieg. Nietzsche sagte über ihn, daß es wenige so hintergedankenreiche Denker gibt. Nur fehlt ihm eine Art von sinnlicher Beobachtungskraft à la Baudelaire. Das alles habe ich, hoffe ich, in ihr Porträt eingeschrieben.«

Wir sahen uns im September auf Kreta wieder, wo wir mit Freund Weideli Ferien machten, und Mangin nach seinem Hause sah. Wir verbrachten einen genußreichen Tag unter guten Gesprächen mit Schwimmen und subtiler Jagd. Zuletzt zeigte uns der Freund seine paradiesische Einsiedelei mit dem weiten Blick über das Meer.

Ich habe leider nicht notiert, ob Serge die Büste vor oder nach dieser Reise persönlich nach Wilflingen gebracht hat. Jedenfalls war es ein großer Tag: Er hatte mein gültiges Altersbild geschaffen.

Kreta – »Wir badeten bei stürmischem Wetter.«

Im September 1990 traf ich mich mit Ernst Jünger, seiner Frau und ihrem gemeinsamen schweizerischen Freund Albert Weideli auf Kreta. Die Jüngers stellten konsterniert fest, daß Kreta inzwischen unter Beton und Autos zusammenbricht. Wir sprachen von einer »umgekehrten Bombardierung«, bei der das Land nicht durch die Zerstörung von Häusern, sondern durch die Errichtung von Bauten kaputtgemacht wird. Bei der Ankunft am Flughafen von Heraklion hatten die Metalldetektoren ständig gepiepst, als Ernst Jünger die Kontrolle passierte: Es waren die Granatsplitter aus dem Ersten Weltkrieg, die er noch immer im Körper trug. Während dieses Aufenthalts der Jüngers auf Kreta war es ihnen ein großer Trost festzustellen, daß es in den Bergen noch vereinzelt bewohnte Dörfer gibt. »Sie haben recht, so versteckt zu leben«, sagte Jünger, während wir eines der Dörfer im Auto durchquerten. Verblüfft war ich von seinem manchmal kindlichen Fetischismus. Sehr intensiv verglich er sein Taschenfernglas mit dem meinen. In seins schien er ganz verliebt zu sein. Zwischendurch bekam ich einen Einblick in die Arbeitsmethode, die der Autor für die Abfassung seiner Tagebücher anwandte: Mitten in der Diskussion zog er ein winziges Notizbuch aus der

Tasche und machte sich Aufzeichnungen, um sie dann am nächsten Morgen zu übertragen. In »Siebzig verweht« fand ich an mehreren Stellen unsere Gespräche zwar gekürzt, aber immer sinngemäß exakt wiedergegeben.

Mália, 12. September 1990
Mangin holte uns zu einem Ausflug nach G. ab, wo er sich eine Einsiedelei einrichten läßt.
Gespräche während der Fahrt: unter anderen über die Griechen – es heißt, daß sie in der Antike laut gelesen haben, gewissermaßen sich selbst vorlesend. Ein Philosoph, der heiser war, mußte deshalb auf die Lektüre verzichten – als Quelle nannten sowohl Mangin wie Albert Weideli die Kulturgeschichte Egon Friedells. Zwei Zeugen, deren Urteil ich schätze, gaben mir

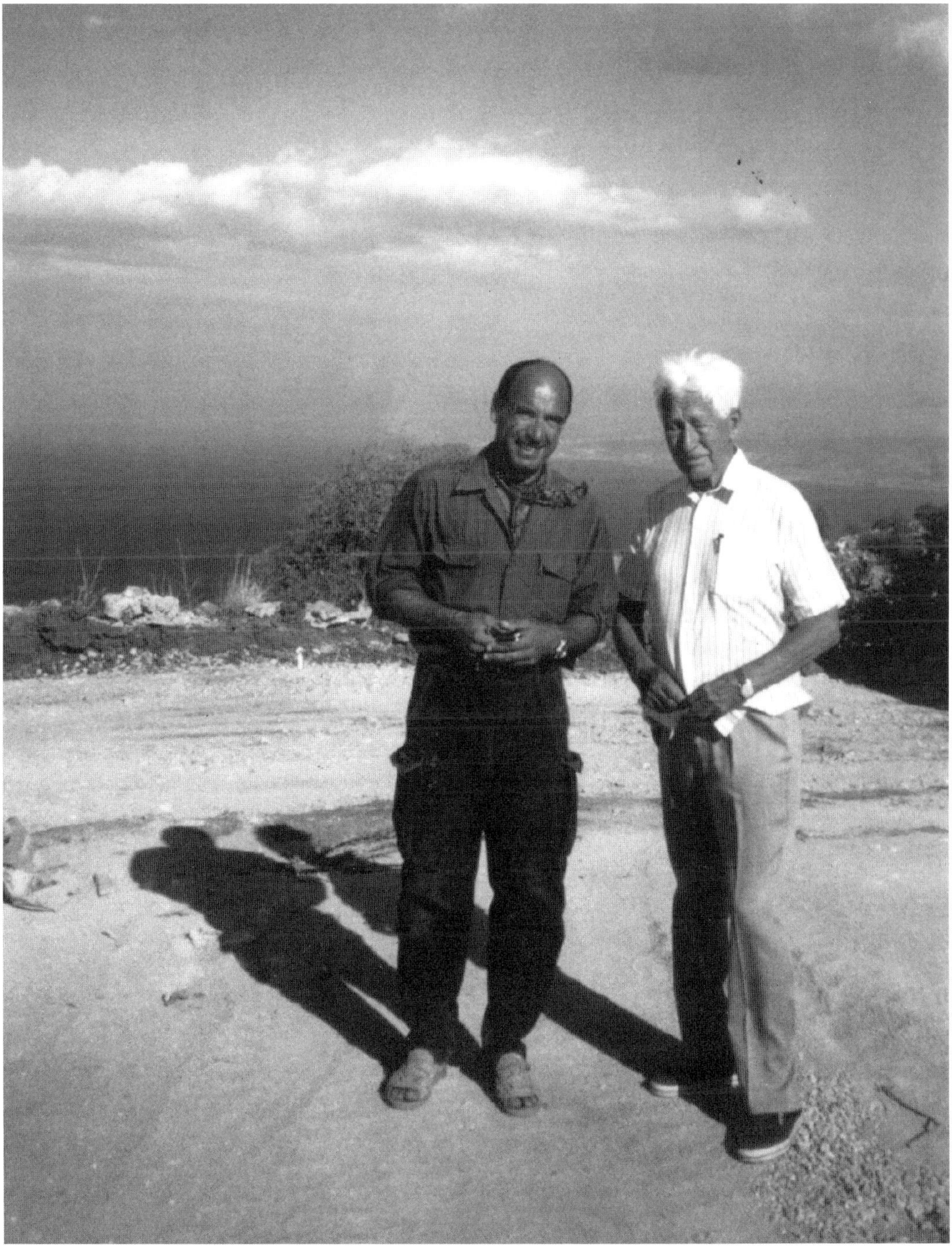

E. Jünger mit seinem Bruder Friedrich Georg auf Rhodos

zu denken – vielleicht habe ich gegen diesen Autor insofern ein Vorurteil gehegt, als ich sein Werk für eine journalistische Auswertung von Spenglers Ideen hielt.

Wir badeten bei stürmischem Wetter, vor dem wir in einem der Bunker Schutz suchten, mit denen die Organisation Todt die Küsten Europas bestückte und denen leider lange Dauer vorauszusagen ist.

Der Sturm kam uns insofern gelegen, als er die Cicindlenjagd begünstigte. Die Tiere konnten nicht fliegen, sie ließen sich mit der Hand greifen. Ein Belegstück genügte, es war die kupferfarbene concolor, eine am östlichen Mittelmeer häufige Art. Friedrich Georg und ich scheuchte sie bei unseren Strandgängen auf Rhodos zu Hunderten auf.

Es trifft sich, daß ich eine Septembernummer der »Entomologischen Zeitschrift« mitführe. Dort lese ich in einem Beitrag zur Cicindelenfauna von Rhodos: »concolo« wurde in der Vergangenheit an den Sandstränden zwischen Kamiros und Rhodos-Stadt gefunden. In der Gegenwart scheinen diese Populationen durch den Tourismus und seine Begleiterscheinungen ausgelöscht worden zu sein.« (Jürgen Wiesner)

Es scheint überhaupt, daß meine Sammlung paläontologischen Charakter gewinnt.

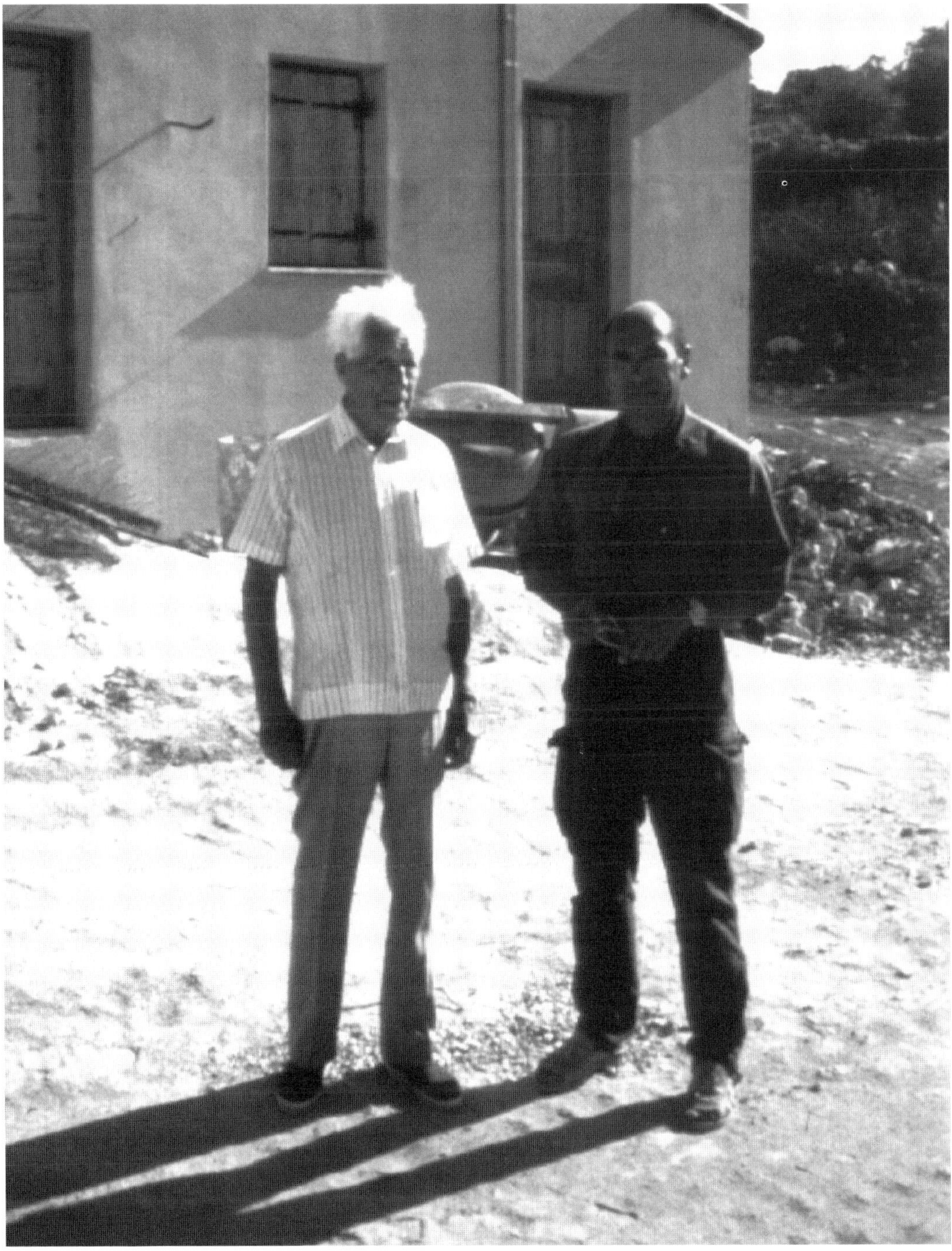

»Kreta, 12. September 1990

Jüngers Schweizer Freund vertraut mir an, daß Jünger nur noch für die Insektenwelt echtes Interesse aufbringt, was ich bereits vermutet hatte. Während der Autofahrt antwortet Jünger auf eine meiner Fragen mit der Bemerkung, daß es, wenn Deutschland den Zweiten Weltkrieg gewonnen hätte, eine Revolution gegeben hätte und man zum klassischen Kapitalismus zurückgekehrt wäre, was ich eigentlich nicht glaube. Wenn ich an den Terror der Nazis und der Kommunisten denke, an den gehorsamen Charakter der Deutschen, halte ich eine Revolution auf deutschen Boden für unvorstellbar. Ich hatte fast Lust, ihm zu sagen, er habe bei dieser Bemerkung nicht gut nachgedacht, doch dann zog ich es doch vor, das Thema zu wechseln, und er kam auch nicht mehr darauf zurück.

Wir erreichten einen Strand, wo uns, Ironie der Geschichte, ein Wehrmachtsbunker aus dem Zweiten Weltkrieg erwartete. Jüngers nutzten ohne jeden Kommentar die Gelegenheit, sich umzuziehen, und stürzten sich in die Fluten. Ich sehe Ernst Jünger noch vor mir, wie er im Wasser stehend in den Himmel blickt, als betete er. Mir fällt ein Satz von Ernst Jünger aus ›Siebzig verweht‹ ein: ›Malta, 28. April 1978: Das erste Bad im Meere – klar, kühl und frisch, ein großes Geschenk.‹

Einige Augenblicke später zieht die Art, wie er Insekten jagt, meine Aufmerksamkeit auf sich: Er dreht getrocknete Schlammbrocken um – eine knappe und rituelle Geste. Seine angespannten Gesichtszüge und seine Art sich zu bücken, lassen an einen Besessenen denken. Man könnte auch meinen, er durchwühle ein Grab, er

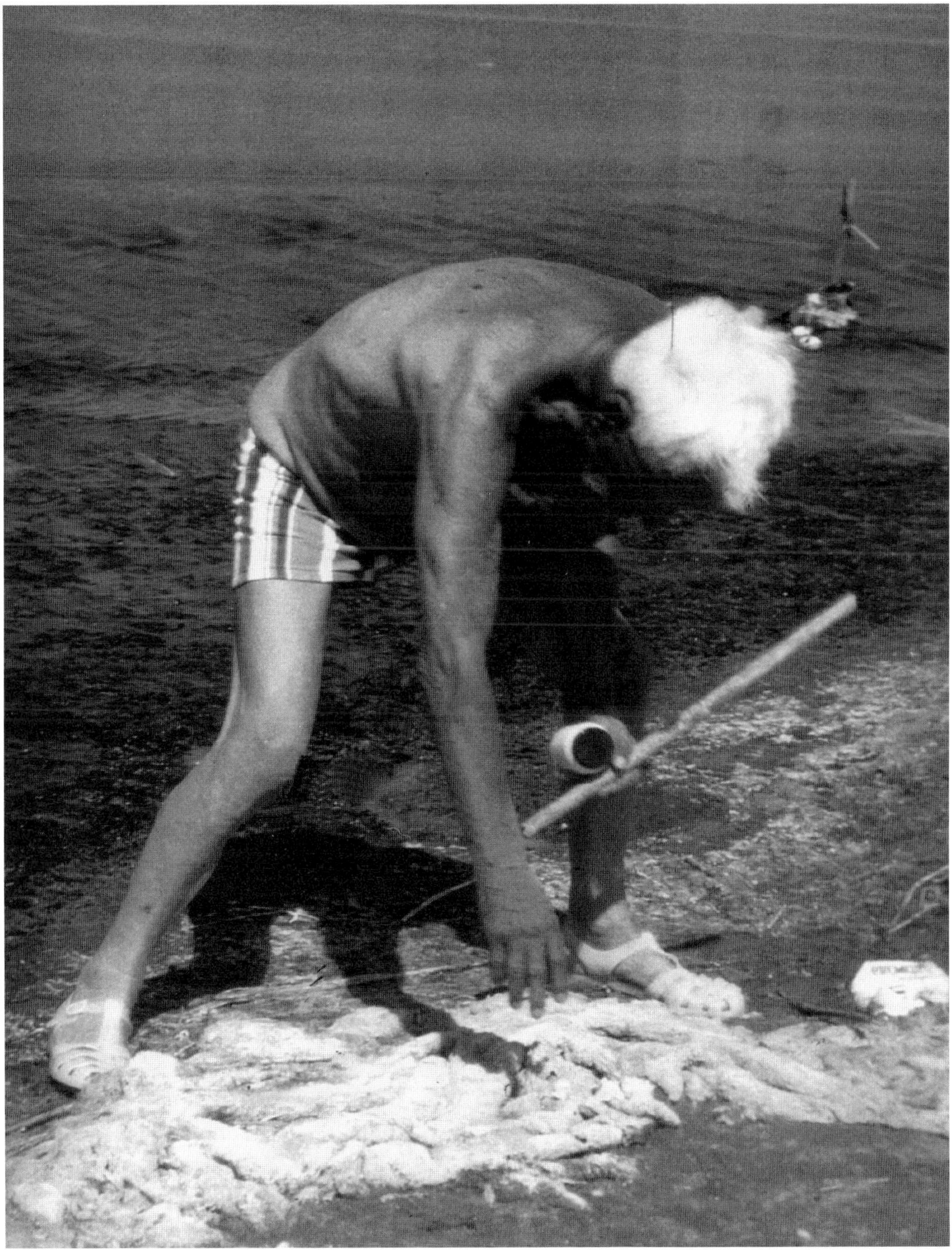

Kreta – »Wir badeten bei stürmischem Wetter.«

Mein Motorrad »I Soï« – auf Griechisch »Leben«

Ernst Jünger im Jahr 1916

kehre in einer Vermengung von Leben und Tod, von Kosmos und Mikrokosmos in die Erde zurück. Der reine, gegenwärtige Augenblick schien endlich erreicht: Keine Vergangenheit störte sein Dasein.

Während der Autofahrt erzählte ich ihm, daß ich ein Motorrad besäße. Er machte ein finsteres Gesicht und, als ich ihn nach dem Grund fragte, sagte er zu meinem Erstaunen: ›Weil Sie Motorrad fahren ... Es wäre schade, wenn Sie sich verletzen würden, vor allem am Arm. Fahren Sie auf keinen Fall schneller als 60!‹ Dieser Satz wird wohl meine lebhafteste Erinnerung an Ernst Jünger bleiben. Ich war gerührt und dachte an seinen Lebensweg seit jener Schlacht von Guillement 1916, in der sich Franzosen und Deutsche bis fast zum letzten Mann gegenseitig abschlachtet hatten ...

»13. September 1990

Beim heutigen Frühstück fiel mir sein Gang auf: Er geht wie ein Matrose auf einem schwankenden Schiff, aber mit sicheren Schritten. Von der Seite betrachtet wirkt er wie ein Teenager, besonders, wenn er seinen kleinen Feldstecher um den Hals trägt.

Dem Alkohol ist er zugetan. Mittags zwei Gläser Wein, nachmittags ein Bier, abends eine Flasche Wein. Sein junger Schweizer Freund, 82 Jahre alt, ebenso. Und abends vor dem Schlafengehen Raki und Whiskey. Frau Jünger hält ohne Mühe mit. Sie ist offen, empfindsam und zugleich unverwüstlich.

Seit dem Tag, an welchem er von zwei molossischen Kampfhunden angegriffen wurde, mag Jünger keine Hunde mehr. Das hatte ich bei ihm nicht erwartet – normalerweise bin ich bei Menschen, die keine Hunde mögen, sehr mißtrauisch. Das Verhältnis zu Hunden ist für mich so eine Art ›Basistest‹.

Weit draußen auf dem Meer können wir Tag und Nacht die deutsche Marine bei ihren Vorbereitungen für den Golfkrieg beobachten. Jünger ist gegen jedes Engagement von deutscher Seite. ›Es ist schon zuviel deutsches Blut geflossen‹, meint er.

Als er meinen Weltempfänger sieht, entschließt er sich auch einen zu kaufen, um Nachrichten hören zu können. Radio Moskau ist gerade auf Sendung, und er bittet mich traurig, den Sender zu wechseln …

Beim Abschied sah er mir lange in die Augen.«

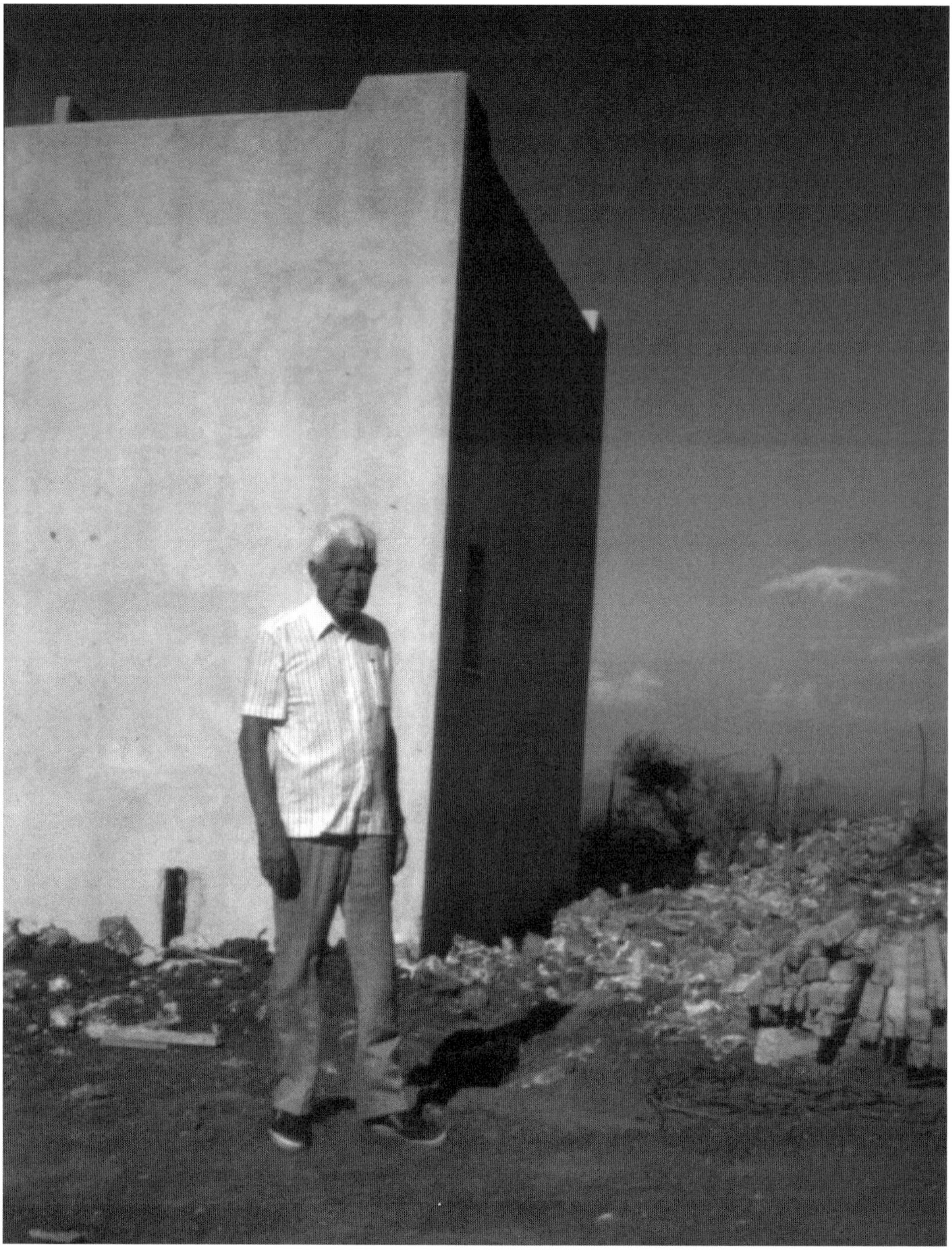

II

Annäherungen

Ein starkes, weltweites, vielleicht sogar kosmisches Bedürfnis bringt ›viel Irrtum und ein wenig Klarheit‹, es erinnert mich an den eigenen Weg, Annäherung ist alles, und diese Annäherung hat kein greifbares, kein nennbares Ziel: der Sinn liegt im Weg.

Ernst Jünger

Der letzte Ritter
oder »eine Zeit nimmt Abschied«

Der Ritter spielt im Werk Jüngers eine große Rolle. Hier geht es nicht darum, politischen Diktaturen zu entkommen, sondern um die Diktatur des Lebens, die wir so fürchten. Wie oft habe ich in meinen dunklen Stunden aus Jüngers Essay »Sanduhrbuch« die Beschreibung des Ritters von Dürer gelesen und Trost erhalten. Der Ritter – wie der Legionär – ist für Jünger der Mensch, der dem Schicksal die Stirn bietet, ein Appell zur Courage. Das Leben, schrieb Jünger 1970 sinngemäß in »Subtile Jagden«, ist eine Kette von Prüfungen, die wir erneut bestehen müssen. Und immer wieder geraten wir in eine Enge, wo uns nur der Ritter in uns retten kann. Dieses Bild des Ritters ist ein Archetyp in der abendländischen Literatur.

1954 schrieb Jünger im »Sanduhrbuch«:

Auch hier können wir bei einem Bild Dürers anknüpfen, und zwar bei dem bekannten »Ritter, Tod und Teufel«, das 1513 entstanden ist ... Merkwürdig ist an dem Bilde, daß der Ritter weder den Teufel noch den Tod zu beachten scheint. Er reitet mit aufgeschlagenem Visier, in Gedanken versunken, durch den hohlen Weg. Aus seinen Zügen ist schwer zu lesen, ob Furcht oder Heiterkeit ihn bewegen. Es handelt sich hier um eine innere

»Ritter Olivier«. Bronze, 1987

Begegnung, um ein tiefes Bewußtwerden der Schicksalslage in einer jähen Todesahnung, wie sie uns mitten im Leben überfällt, wenn Gefahren nahen oder die Sorge uns bedrückt ...

Uns allen kann es nur wohl tun, wenn wir hin und wieder in die Enge geraten und vor den Herrn der Welt und der Zeit gestellt werden. Hier werden die Herzen geprüft.

In solchen Stunden habe ich meine Ritter modelliert, um mir Mut zu machen, wenn ich einmal wieder in eine »Enge« geraten war. Aber, wie Jünger uns klarmacht, weiß ich auch, daß die nächste nicht lange auf sich warten läßt ...

»Der Tod«.
Atelieraufnahme, 1978

»Leonidas oder die Thermophylen«.
Bronze, 1993

Der Baum
oder »die Macht des Urbildes«

Die Welt der Tiere wie die der Pflanzen hatte schon immer bei Jünger ein Zuhause. Ich weiß nicht mehr, ob Nietzsche oder er gesagt hat: »Ein Baum hat noch nie gelogen.«
Jünger hat es auf jeden Fall gedacht. Kein einziges Buch von ihm, in dem es nicht um Bäume geht. Ich kann mich des Eindrucks nicht erwehren, daß Jüngers ganzes Denken in seinem berühmten Essay »Der Baum« zum Ausdruck kommt. Er trifft den Nerv unseres Jahrhunderts mit glasklaren Worten:

Im Baum bewundern wir die Macht des Urbildes. Wir ahnen, daß nicht nur das Leben, sondern das Weltall nach diesem Muster in Zeit und Raum ausgreift. Es wiederholt sich, wohin wir auch die Augen richten, bis in die Zeichnung des kleinsten Blattes, bis in die Linien der Hand. Ihm folgen die Flüsse von der Wasserscheide auf dem Lauf zum Meere, der Strom des Blutes in den hellen und dunklen Adern, die Kristalle in den Klüften, die Korallen im Riff …
Es hat seinen Grund, daß wir in einer dem Baum abholden Zeit leben. Die Wälder schwinden, die alten Stämme fallen, und das erklärt sich nicht durch Ökonomie allein. Die Ökonomie ist hier nur mitwirkend, ist vollziehend, denn zugleich leben wir in einer Zeit, in der auf unerhörte Weise verschwen-

det wird. Das entspricht ihren beiden großen Tendenzen: der Nivellierung und der Beschleunigung. Das Hohe muß fallen, und das Alter verliert seine Macht. Der Baum in seiner Höhe gehört zum Vater, und mit ihm fällt vieles, was dem Vater wert war: die Krone, das Kriegs- und das Richtschwert, die heilige Grenze und das Pferd.

»Der Baum«.
Bleistiftzeichnung, 1990

An dieser Stelle muß ich gestehen, daß ich beim Zeichnen des Baumes die ganze »Tragweite« seines Wesens nicht vor Augen hatte. Es ist nicht das erste mal gewesen, daß ich erst nach der Lektüre eines Jünger-Textes meine eigene Arbeit verstanden habe.

Polemos oder das männliche und weibliche Prinzip

»Heraklit«. Bronze, 1977

Wer das Wort »Polemos« hört, das im Griechischen nicht nur Krieg und Kampf, sondern auch Konflikt und Auseinandersetzung bedeutet, fühlt sich sogleich an Heraklits Satz erinnert: »Der Kampf ist der Vater aller Dinge!« Ernst Jünger kommt gleich am Anfang seines erzählerischen Werkes auf diese ewige Wahrheit zu sprechen, wenn er in seinem 1920 erschienenen Kriegstagebuch »In Stahlgewittern« schreibt:

Das Wäldchen war wie eine glühende Wunde, auf die sich die Aufmerksamkeit verborgener Besatzungen richtete. Die beiden Artillerien spielten mit ihm wie zwei Raubtiere, die sich eine Beute streitig machen; sie zerrissen seine Stämme und warfen ihre Fetzen hoch in die Luft. Es war immer noch von wenigen Männern besetzt, aber es hielt sich lange, und so war es, weithin im toten Gelände sichtbar, ein Beispiel dafür, daß auch die gewaltigste Gegenüberstellung von Machtmitteln doch nur die Waage ist, auf der heute wie zu allen Zeiten das Gewicht des Menschen gewogen wird.

Nach seinem zweiten Buch »Der Kampf als inneres Erlebnis« (1922), das einen Deutungsversuch des Weltkrieges darstellt, entwickelt sich Jünger zu einem Beobachter, der den kosmischen Kampf analysiert, sei es der unter den Insekten oder den internationalen Mächten, den Geschlechtern oder den Planeten. Phänomenal, wie er dabei Poet bleibt, immer auf der Suche nach Oasen und Zärtlichkeit – und noch phänomenaler ist, daß er diese auch immer findet!

1955 beschreibt er in seinem Essay »Am Sarazenenturm« ein Falkenweibchen in seinem Nest auf eine Art und Weise, die uns die positive Entwicklung seines Geistes zeigt, der nicht mehr von seinen Gefühlen zu trennen ist:

»Polemos«. Bronze, 1984

Polemos oder das männliche und weibliche Prinzip

Zuweilen lugen wir, wie hier durch diese Scharte, in die Werkstatt des Universums und ihre Bildungen. Der Anblick eines solchen Wappentieres gibt unmittelbar Gewißheit, daß Macht einer der Schlüssel ist. Aber wie jede Farbe die Gegenfarbe fordert, so ist auch Macht ein Abgeteiltes, das erst an einem Anderen sinnvoll aufleuchtet. Wie soll man dieses Andere nennen – sollte es Schönheit, sollte es Liebe sein? Ich möchte es als das Glück bezeichnen; wenn Macht das männliche Prinzip im Universum, ist Glück das weibliche. Ohne das Zweite, das sie ergänzt und auswiegt, kann Macht sehr häßlich werden, wie wir es in unseren Tagen sehen.

E. Jünger mit einem Falkenweibchen

Ob jede Farbe eine Gegenfarbe findet oder das Männliche das Weibliche – die Vorstellung von Heraklit, von der spannungs- und gegensatzgeladenen Welt der Erscheinungen, dem Kosmos, damit vom allgegenwärtigen Kampf der Gegensätze, bestätigt sich.

Apokalypse oder die atomare Bedrohung

Das 20. Jahrhundert endet in Illusionslosigkeit. Was ist aus den Utopien dieses Jahrhunderts – Kommunismus und Faschismus – geworden? Sogar die technischen Fortschritte haben unsere Erwartungen enttäuscht, ja Entsetzen hervorgerufen: Hiroshima, Dresden, Tschernobyl ...
Wo Menschen heute in Massen, zum Beispiel in Untergrundbahnen, auftreten, verkörpern sie Depression, Angst, Anonymität, ja sogar Kriminalität. Im Tagebuch hatte ich unter dem 6. Juli 1990 eingetragen:
»Heute hat mir Ernst Jünger anvertraut, daß es ihm unangenehm sei, die mittelmäßigen Gesichter in der U-Bahn sehen zu müssen. Ich fragte ihn, ob denn die Menschen häßlich geworden seien. Er antwortete mir, sie wären aufgrund der atomaren Bedrohung ausdruckslos geworden. Als Individuen zählten sie kaum mehr. Das menschliche Gehirn funktioniere nur noch wie ein alles registrierender Computer: Die vielen kurzen Zusammenstöße mit solchen Gesichtern würden sich mit der Zeit wie eine Reihe von ›kleinen physikalischen Stößen akkumulieren‹.«
In diesen Äußerungen Jüngers habe ich niemals etwas Elitäres oder gar Menschenverachtendes gespürt. Jünger ging es um den Menschen unter der atomaren Be-

Hiroshima, 6. August 1945

Apokalypse oder die atomare Bedrohung

drohung. Die Nachricht vom Abwurf der ersten Atombombe auf Hiroshima im August 1945 hatte sein Weltbild völlig durcheinander gebracht. In »Siebzig verweht« schrieb er 1980:

Dann gibt es Einbrüche. Die Erosion hat langsam gewirkt; nun stürzt die Decke ein. Das war mein Eindruck, als die Nachricht von Hiroshima kam. Hier war nicht nur eine Stadt getroffen, sondern eine Welt. Ich ging eine Woche lang wie betäubt umher.

In einer ähnlichen apokalyptischen Stimmung hatte ich vor einigen Jahren meine Plastik »little Apocalypse« modelliert. Erst Jahre später, nach meinem Gespräch mit Jünger, ist mir die volle Bedeutung dieser meiner Plastik klar geworden.

»Mann ohne Namen«.
Bronze, 1983

»Little Apokalypse«.
Bronze, 1983

Der Barbarei entgegen
oder »außerhalb der Historie«

Über die Bombardierung deutscher Städte, insbesondere die von Dresden im Februar 1945, aber auch über die Barbarei von Hiroshima haben wir uns manchmal unterhalten. Allerdings nur ansatzweise – er wollte sich nicht nochmal auf schmerzhafte Erinnerungen einlassen. Sein Gesicht wie sein Schweigen sagten alles.
Als ich ihm die Fotos meines Entwurfs für ein Dresden-Denkmal zeigte, war er davon sehr angetan und empfahl mir, seine Tagebücher von 1943 und 1945 zu lesen:

Paris, 17. August 1943
Der Angriff auf Hamburg bildet unter anderem das erste derartige Ereignis in Europa, das sich der Bevölkerungsstatistik entzieht. Die Standesämter sind unfähig, mitzuteilen, wieviel Menschen umkamen. Die Opfer starben wie Fische oder Heuschrecken, außerhalb der Historie, in der Elementarzone, die keine Register kennt.
Wer einmal den Brand einer Hauptstadt, den Einmarsch östlicher Heere erlebt hat, der wird nie ein waches Mißtrauen verlieren gegenüber allem, was man besitzen kann. Das kommt ihm zugute, denn er wird zu jenen zählen, die ohne allzu großes Bedauern ihrem Hofe, ihrem Hause, ihrer Bibliothek den Rücken kehren, falls es nötig wird.

Entwurf für ein Dresden-Denkmal. Aluminium, 1989

Der Barbarei entgegen oder »außerhalb der Historie«

11.4.1945
Von einer solchen Niederlage erholt man sich nicht wieder wie einst nach Jena oder nach Sedan. Sie deutet eine Wende im Leben der Völker an, und nicht nur zahllose Menschen müssen sterben, sondern auch vieles, was uns im Innersten bewegte, geht unter bei diesem Übergang.

An dieser Stelle scheint mir wichtig festzuhalten, daß Ernst Jünger kein Verharmloser der deutschen Verbrechen und Unmenschlichkeiten war. Seine Tagebucheintragungen in diesem Zusammenhang sind dafür beredtes Zeugnis:

Paris, 1. September 1943
… Abends Essen mit dem Präsidenten, der mir über Konzentrationslager im Rheinland aus dem Jahre 1933 berichtete, mit vielen Einzelheiten aus der Schinderwelt. Ich fühle leider, daß die Kenntnis solcher Dinge auf mein Verhältnis, zwar nicht zum Vaterlande, wohl aber zu den Deutschen, einzuwirken beginnt.
… Unter den Dingen, die er erzählte, war besonders die Schilderung einer Erschießung von Juden schauerlich …
Bei solchen Mitteilungen erfaßt mich Entsetzen, ergreift mich die Ahnung einer ungeheuren Gefahr. … In der Tat habe ich das Gefühl, daß diese Menschen den Erdball anbohren und daß sie die Juden dabei als kapitales Opfer wählen, kann kein Zufall sein. Es gibt bei ihren höchsten Henkern eine Art von unheimlicher Hellsichtigkeit, die nicht auf Intelligenz, sondern auf dämonischen Antrieben beruht.

Rechte Seite: Entwurf des Dresden-Denkmals (Vorderansicht)

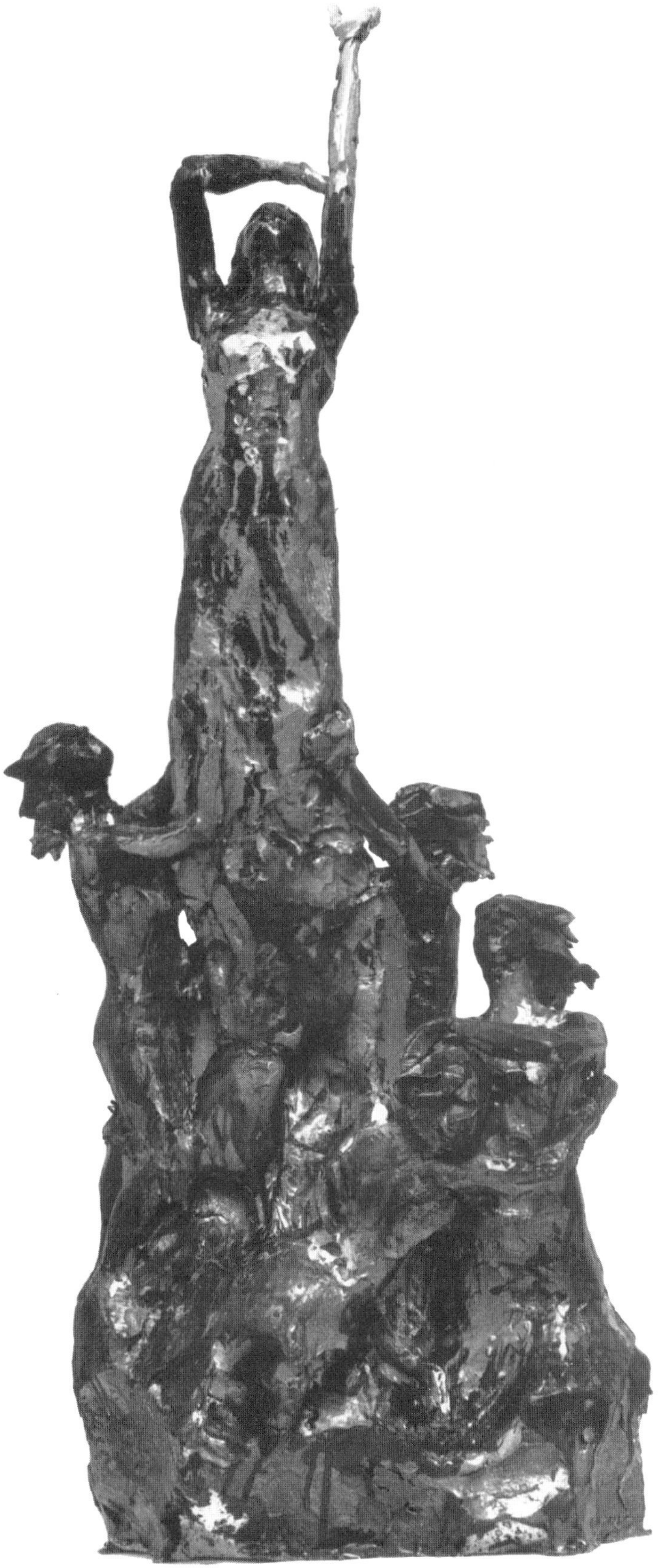

Leitmotive
oder über die Freiheiten

Wenn man ihn [einen Menschen] *in einen dunklen Turm sperrt und er sich dort an der Wand entlangtastet, wird er sich überzeugen lassen, daß er sich am Unendlichen bewegt. Aber er wird sich nicht einreden lassen, daß er glücklich sei. Immer, und bis zum letzten Atemzug unzerstörbar, wird in ihm die Ahnung von einem Anderen, unendlich Großen Leben, von einer Lichtflut, die ihn erlöst, befriedet, auch wenn er die Sonne nie gesehen, nie ihren Namen vernommen hat.*

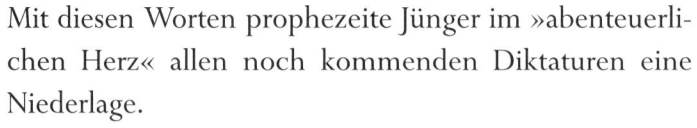

Mit diesen Worten prophezeite Jünger im »abenteuerlichen Herz« allen noch kommenden Diktaturen eine Niederlage.

Als ich vor vielen Jahren einen Blinden modellierte, war ich selbst tief im Unglück versunken bzw. in mir gefangen, unfrei also. Erst 25 Jahre später entdeckte ich Jüngers Zeilen über die innere Unbeugsamkeit des Menschen.

Der Begriff der Freiheit – und nicht des Krieges – bleibt das Leitmotiv des gesamten Werkes von Jünger. Schon vor Jean-Paul Sartre hatte er erkannt, daß der Mensch dazu verdammt ist, frei zu bleiben, das heißt sich selbst verantwortlich. Schon in seinem ersten Buch »In Stahlgewittern«, hat Jünger versucht dieser Wahrheit »ins Auge« zu sehen:

»Der Blinde«. Bronze, 1974

Davor lag mein Engländer, ein blutjunges Kerlchen, dem das Geschoß quer durch den Schädel gefahren war. Er lag da mit entspanntem Gesicht. Ich zwang mich, ihn zu betrachten, ihm ins Auge zu sehen. Nun hieß es nicht: »Du oder ich.« Oft habe ich später an ihn zurückgedacht, und mit den Jahren häufiger. Der Staat, der uns die Verantwortung abnimmt, kann uns nicht von der Trauer befreien; wir müssen sie austragen. Sie reicht tief in die Träume hinab.

1975, also 56 Jahre später, schrieb der Dichter:

Diese und andere Erinnerungen beschäftigten mich auf dem Rückwege. Dabei ist mir oft, als ob die Zeit das Lebenskleid umkehrte, so daß nun die Splitter und Stacheln sich nach innen wendeten. Es wäre besser, wenn sie nur Narben hinterlassen hätten, doch die wuchsen ein. Eigene Fehler und Verstöße, Undankbarkeiten schon in der Kindheit, fremdes Unrecht, all das beginnt zu schmerzen, und oft schärfer als zu seiner Zeit.

Wie in seinem Tagebuch von 1990 nachzulesen, hat Jüngers ältester Sohn Ernstel mit 18 Jahren noch kurz vor Kriegsende denselben Tod gefunden wie das oben beschriebene Opfer des Autors: Ernstel kam wie der »blutjunge Engländer« durch einen Kopfschuß in Italien ums Leben. Jahr für Jahr am 1. Mai können wir im Tagebuch Ernst Jüngers Eintragungen lesen wie *Heute Ernstels Geburtstag* oder *Er wäre heute 60 Jahre* oder *Heute fehlt mir Ernstel*.
Der Begriff »Freiheit« blieb zwischen uns immer ein zentrales Thema. Bei einem meiner Besuche in Wilflingen habe ich Jünger Bilder meines Entwurfs für eine Freiheitsstatue in Leipzig gezeigt. Sie gefielen ihm

Der Dichter mit seinem Sohn »Ernstel«

Leitmotive oder über die Freiheiten

Rechte Seite: »Die deutsche Wiedervereinigung« für die Reederei Deilmann. Atelieraufnahme, 1990

Entwurf für eine Freiheitsstatue in Leipzig. Bronze, 1991

sichtlich, und er fand ihre Dynamik sehr gut. Als ich ihn später über die Abneigung der zuständigen Parteien für Freiheits-Denkmäler trotz der positiven Einstellung der Bevölkerung erzählte, war er gar nicht erstaunt. Schon im »Waldgang« hatte er unter anderem geschrieben:

Das eigentliche Problem liegt eher darin, daß eine große Mehrzahl die Freiheit nicht will, ja, daß sie Furcht vor ihr hat.

Im Sommer des Jahres 1990 bekam ich von der Reederei Peter Deilmann den schwierigsten Auftrag meines Lebens: die deutsche Wiedervereinigung durch eine Statue darzustellen. Ich war noch nicht auf die Idee gekommen, Zwillinge zu gestalten und versuchte mit Ernst Jünger während unseres Kreta-Aufenthalts gemeinsam eine Lösung zu finden. Am 12.9.1990 notierte ich in mein neues Tagebuch.

»Beim Abendessen sprachen wir über die Statue, die mir anläßlich der deutschen Wiedervereinigung in Auftrag gegeben worden war. Er sprach sich sehr gegen die Flagge aus! Sie sei zu aggressiv, und eine Flagge könne schließlich jederzeit ihre Farbe ändern! Er würde eine gegenständliche Darstellung bevorzugen, z. B. mit einer dornigen Rose (Glück – Unglück). Einen deutschen Nationalimus würde er in keiner Weise für wünschenswert halten.«

Als ich ihmgestand, daß mich die Haltung, vor allem die Passivität der Deutschen in den letzten Dezennien in dieser Frage schwer enttäuscht hat – im Westen gute Kapitaliten, im Osten gute Kommunisten –, meinte er nur: mich haben sie auch enttäuscht!«

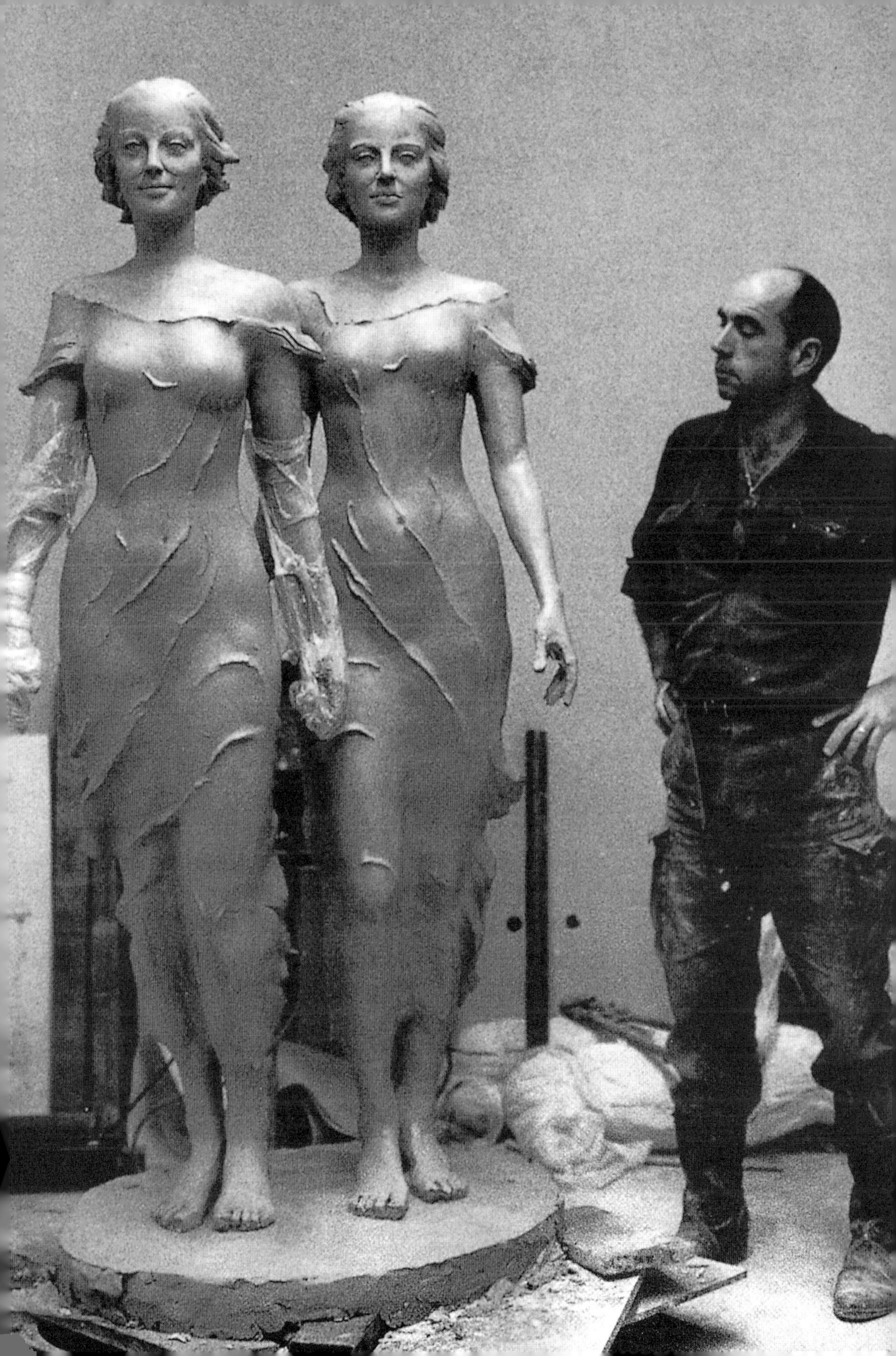

Blau
oder die Farbe der Freiheit

Einige meiner Aquarelle habe ich in der Zeit gemalt, als Jünger auf Kreta war. Und wieder einmal habe ich meine eigene Malerei erst verstanden, als ich – viel später – im »abenteuerlichen Herz« diese Zeilen über die blaue Farbe gelesen habe:

Blau ist die Farbe der äußersten Orte und der letzten Grade, die dem Leben verschlossen sind, so des Dunstes, der in das Nichts verfliegt, so des Firneises und der Kerne der Stichflammen. Ebenso dringt sie in die Schatten, die Dämmerungen und die fernen Linien der Horizonte ein. Sie nähert sich dem Ruhenden und weicht vor dem Bewegten zurück.
Wenn die rote Farbe erscheint, verspüren wir eine Annäherung und Beschleunigung der Beziehungen – das Blaue dagegen ruft das Gefühl der Entfernung und der Verzögerung hervor.

Voller Sehnsucht hat der Dichter in seinem Tagebuch seiner zahlreichen Reisen ans Mittelmeer gedacht, als er schrieb:

Das Mittelmeer ist eine große Heimat, ein altes Zuhaus. Ich merke das stärker bei jedem Besuch. Ob es im Kosmos auch Mittelmeere gibt?

Das Mittelmeer, der Himmel, die Ferne sind Freiheitsbegriffe, die Rimbauds wie Jüngers Leben permanent begleitet haben. Und Blau, die Farbe der göttlichen Freiheit, ist die Farbe, die man nur am Mittelmeer malen kann.

Arthur Rimbaud (1854–1891) in Abessinien

»Bateau bleu«. Aquarell, 1990

Die rote Farbe
oder »unser irdischer Lebensstoff«

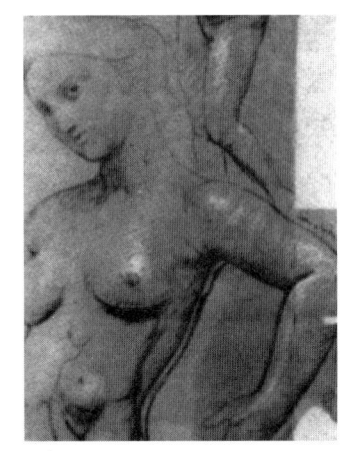

»Études« von Jean-A.-Dominique Ingres (1780–1867)

»Jutta«. Bleistiftzeichnung, 1990

Wenn das Aquarellieren die Kunst der Annäherung überhaupt ist, so gilt dies ganz besonders im Bereich der Erotik. Jünger liebte den Satz von Ingres, den er mehrmals zitiert hat: »Die Zeichnung ist die Ehrlichkeit der Kunst.«

Und er meinte wohl auch die erotischen Zeichnungen. Ich habe ihm einige meiner Arbeiten geschenkt, und er hat sie immer mit sichtbarer Freude entgegengenommen. Der Vorwurf an Jünger, er hätte die Erotik in seinem Werk »verschwiegen«, ist falsch. Sie ist im Gegenteil latent in ihm, und er konnte bei der Beschreibung der Farbe einige Eruptionen nicht vermeiden.

In seinem 1929 erschienenen »abenteuerlichen Herz« lesen wir:

Wir lieben es sehr, wenn unsere Mutter uns ein wenig von ihren roten Geheimnissen enthüllt, lieben den Glanz von Fafnirs Höhle, lieben das Blut an den heißen Tagen der Schlacht, lieben die vollen Lippen, die halb geöffnet sich uns zuwenden.

Rot ist unser irdischer Lebensstoff; wir sind ganz und gar ausgekleidet von ihm. Die rote Farbe ist uns daher nahe – so nah, daß zwischen ihr und uns kein Raum zur Überlegung besteht. Sie ist die Farbe der reinen Gegenwart: unter ihrem Zeichen verständigen wir uns auf sprachlose Art ...

Die rote Farbe oder »unser irdischer Lebensstoff«

Schon 1920 »In Stahlgewittern« hatte er diskret geschrieben:

Drei Stunden später saß ich im Zug. Auf dem Wege zum Bahnhof schlenderten drei Mädchen in hellen Kleidern an mir vorüber, die Tennisschläger unter dem Arm – ein strahlender Abschiedsgruß des Lebens, dessen ich mich draußen (an der Front) noch lang erinnerte.

Und während des Zweiten Weltkrieges, am 18.August 1943, trug er in sein Tagebuch ein:

Die Wahrheit gleicht für mich einem Weibe, dessen Umarmung mich allen anderen gegenüber zu Impotenz verdammt. In ihr allein liegt Freiheit und damit Glück.

Wurde jemals schöner und sinnlicher über Frauen geschrieben?
Als älterer Mann sah er in »Sgraffiti« (1960) die Frau im Abstand:

Wir müssen älter werden, um die Frau als Frau zu schätzen, nicht nur als Frau, die uns gefällt.«

»Samothrake«. Bronze, 1977

Die rote Farbe oder »unser irdischer Lebensstoff«

Brunnenfigur. Bronze, 1984

Der Hirt
oder der Götter Sieg

Als Ernst Jünger 1932 den »Arbeiter« schrieb, war er 37 Jahre alt. In diesem Werk entwickelt der Dichter eine Art Mythos des neuen unbürgerlichen Menschen und glorifiziert den Sieg der Technik, manchmal sogar in unerträglichen Tönen, aber immer mit visionärer Kraft.

Jünger hat sich von diesem Buch nie distanziert, obwohl immer wieder der Vorwurf erhoben wurde, daß er damit den Nationalsozialisten den Weg vorbereitet hat. Ich habe da so meine Zweifel.

Die Figur des Hirten taucht bei Jünger im Jahre 1955 im »Sarazenenturm« auf. Darüber wurde relativ wenig geschrieben, was sehr schade ist, da der Hirt der Anti-Arbeiter ist. Mit 60 Jahren sieht Jünger die titanische Katastrophe als unvermeidlich und prophezeit durch den Hirten den Endsieg der Götter über die Titanen. Meines Erachtens ein Wendepunkt in Werk und Denken des Dichters!

Wie Jünger die Gestalt des Hirten formt, hat mich so berührt, daß ich mich spontan entschloß, eine Reihe von Hirten und Bergmenschen auf Kreta zu porträtieren:

Auf dem Boden dieser halboffenen Höhlung hatte der Hirte sein Lager errichtet, eine Schicht von Binsen, die kaum den nackten

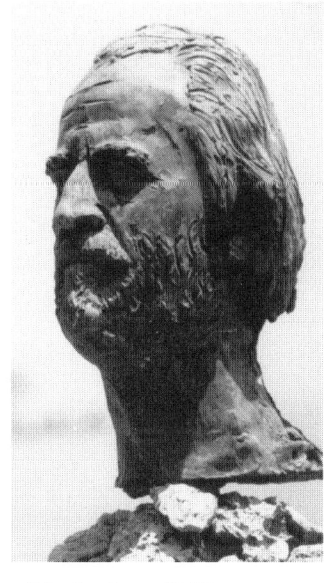

»Wageli«. Stein, 1992

Stein verbarg. In einer kleinen Mulde der Felswand war eine Handvoll groben, aus dem Meere gewonnenen Salzes verwahrt. Vor der offenen Seite war eine Feuerstelle, daneben lagen einige in der Asche gerösteten Bohnen und ein kleiner Brennvorrat. Das war die Einrichtung ...

Der Mensch neigt dazu, dieses Unveränderliche, wie hier den Inbegriff der Wohnung, in die ferne Vergangenheit zu rücken, an seine Anfänge. Das ist ein Augentrug. Es liegt im Mittelpunkt, im Innersten des Waldes, und die Kulturen kreisen darum herum. Demgegenüber liegen die großen Zerstörungsmittel nur am Rand ...

Wie der Hirt in der Ferne sang und die Herde vorbeizog: das ist wirkliche, bleibende Macht, und der Hirt wird die Herde einst auch über unsere Städte dahintreiben.

»Gregori«. Bronze, 1992

Trotz seiner wachsamen Haltung hat mein »kretischer Hirt« zugleich eine entspannte Ausstrahlung. Er bewacht zwar weiterhin auf Kreta die südliche Grenze Europas, aber er träumt und lächelt gleichzeitig wie ein junger Gott! Als ich ihn schuf, tauchte ich in die Lektüre von Hölderlins »Hyperion« ein, für mich die geniale Wiederentdeckung des antiken Griechenlands. Man spürt förmlich die geistige Nähe zu Heidegger, der 1946 über die den Hirten die großartigen Sätze geschrieben hatte:

»Der Mensch ist nicht der Herr des Seienden. Der Mensch ist der Hirt des Seins. In diesem ›Weniger‹ büßt der Mensch nichts ein, sondern er gewinnt, indem er in die Wahrheit des Seins gelangt. Er gewinnt die wesenhafte Armut des Hirten, dessen Würde darin beruht, vom Sein selbst in die Wahrnis seiner Wahrheit gerufen zu sein.«

Rechte Seite: »Kretischer Hirt«. Atelieraufnahme, 1992

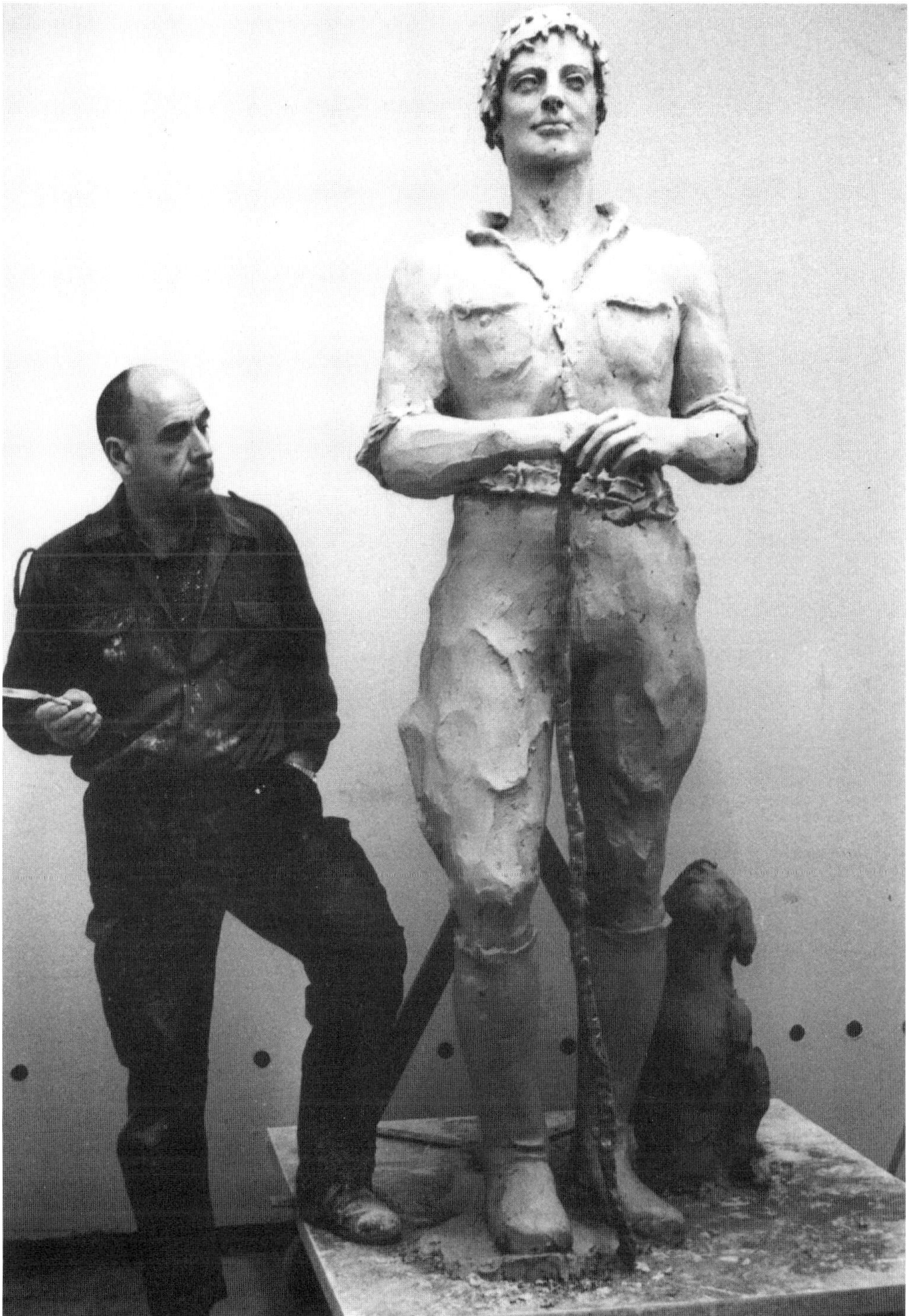

Der Götter Sturz
oder Wiedersehen auf Kreta

Vision und Trost, der Sieg der griechischen Götter und ihre Wiederkehr, haben von Anfang an meine Bildhauerei geprägt. Insofern war es kein Zufall, daß wir uns auf Kreta wiedersahen, dort wo die Götter geboren sind.

Ungefähr 15 Jahre vorher habe ich »Die Vier Winde«, eine meiner ersten Skulpturen, geschaffen, um an die Anwesenheit der Götter und deren Wachsamkeit zu erinnern. In seinem 1932 erschienenen Werk »Der Arbeiter« hat Ernst Jünger die Herrschaft der Titanen, also der Technik, über die Götter, mit ihren fatalen Konsequenzen, visionär vorhergesehen und glorifiziert. Heute noch ist die Lektüre dieses Buches für viele unerträglich. Seinen Trost fand er später, 1955, als er die Hirten auf Sardinien beobachtete, die ihn an die archaische Zeit Homers und die griechischen Götter erinnerten.

Vielleicht deswegen hat er das Mittelmeer wie seine zweite Heimat geliebt. Kurz vor seinem Tod sagte er mir, daß er noch nach Zypern fahren wolle, der »Insel der Götter«.

Während seiner letzten Jahre sah der Dichter in Hölderlin den Propheten seiner Vision. 1993 schreibt er in »Prognosen«:

Die Vier Winde«. Muschelkalk und Bronze, 1984

»Nun tritt der Bildhauer ins Spiel, hebt Tiere, Menschen und Götter heraus. Endlich kann es geschehen, daß der Stein von sich aus zu leben beginnt.«

Hölderlin hat gesagt, daß das nächste Jahrhundert das Jahrhundert der Titanen sein wird, nämlich das Jahrhundert der Technik. ... Doch Hölderlin ist von der Rückkehr der Götter überzeugt. ... Während Hölderlin dem Interim mit Bangen entgegensieht und Schopenhauer dem Titanismus skeptisch und pessimistisch begegnet, fühlt Nietzsche sich in ihm zuhaus. In seinem Schicksalsjahr 1888 notiert er, daß er das 21. Jahrhundert als seine geistige Heimat erkennt.

Friedrich Hölderlin (1770–1843)

In »Philémon und Baucis«, 1972, schreibt Jünger weiter zu Nietzsche:

Der Übermensch trägt prometheische Züge; mit dem Anspruch auf planetarische Herrschaft verknüpft sich notwendig und seit langem vorbereitet auch durch Prophezeiung: der Göttersturz.

Der Waldgänger
oder »man muß wissen, was man sich leisten kann«

Nachdem ich Jüngers »Waldgang« gelesen hatte, im Jahre 1996, machte ich mich sogleich daran, ein riesiges Porträt anzufertigen, in der die Qualitäten der subversiven Verteidigung zum Ausdruck kommen: Entschlossenheit – gepaart mit Vorsicht – und Unabhängigkeit. Im Grunde genommen waren sie es, die ihn zeitlebens schützten. Wobei ein Unterschied zwischen dem Waldgänger von 1950 und dem »Anarchen« der 90er Jahre zu erkennen ist. Der Waldgänger hält sich subversiv versteckt, der Anarch herrscht. Man muß wissen, was man sich leisten kann …
Der Waldgänger wehrt sich dagegen, in den Arbeitslagern aller Arten (inclusive Büros) anonym zu verschwinden, er überlistet alle Überwachungen. Ernst Jünger hat wie George Orwell meisterhaft die Morbidität unserer Ideologien wie ihre subtilen Methoden entlarvt. In seinem »Waldgang«, der 1951 erschien, zieht er im voraus eine vernichtende Bilanz über unser Jahrhundert.

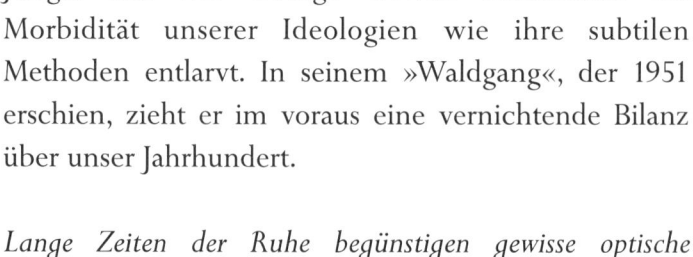

George Orwell (1903–1950)

Lange Zeiten der Ruhe begünstigen gewisse optische Täuschungen. Zu ihnen gehört die Annahme, daß sich die Unverletzbarkeit der Wohnung auf die Verfassung gründe, durch sie gesichert sei. In Wirklichkeit gründet sie sich auf den Familienvater, der, von seinen Söhnen begleitet, mit der Axt in der Tür erscheint. Nur wird diese Wahrheit nicht immer sichtbar und soll auch keinen Einwand gegen Verfassungen abgeben. Es gilt das alte Wort: »Der Mann steht für den Eid, nicht aber der Eid für den Mann.« Hier liegt einer der Gründe, aus denen die neue Legislatur im Volke auf so geringe Anteilnahme stößt ...

Auch mit unserer scheinbaren Wohlstandsgesellschaft geht Jünger hart ins Gericht:

Jeder Komfort muß bezahlt werden. Die Lage des Haustiers zieht die des Schlachttiers nach.

»Waldgänger«. Atelieraufnahme, 1993

Unvergeßliche Sätze, die zeitlose, besser gesagt ewige Markierungen bleiben. Sie haben die Aussagekraft von Bronzestandbildern.

42 Jahre nach dem Erscheinen des »Waldgangs« spitzte sich die pessimistische Vision Jüngers zu. 1993 schrieb er in »Prognosen«:

Auch der Weltstaat wird die Gewalt nicht abschaffen, da sie zur Schöpfung gehört. Der Krieg verwandelt sich in Polizei-Aktionen kleineren und größeren Umfanges. Da die Kernwaffen monopolisiert sind, haben Aufstände keine Aussicht, doch der Terror wird zunehmen.

Das Paradies
oder »im gotischen Gewölb«

1990 hatte ich Ernst Jünger zwei Bücher des französischen Philosophen Gaston Bachelard (1884–1962) geliehen: »L'eau et les rêves« und »L'air et les songes« (Über das Wasser und über die Luft). Bachelard, der ein großer Leser war, hatte geschrieben: »Das Paradies ist eine Bibliothek«.

Ernst Jünger hat sich immer wohler gefühlt in einem guten Roman als in seiner eigenen Biographie, wie er sinngemäß in seinem Tagebuch von 1987 »Zwei Mal Halley« schrieb. Nicht einmal an der Front der beiden Kriege hat er aufgehört zu lesen. Das Lesen war für ihn der Hauptgrund zum Weiterleben. Im »abenteuerlichen Herz« finden wir die Zeilen:

Gern kehrt man immer wieder von den Menschen in den Frieden der Bibliotheken ein. Dort, im »gotischen Gewölb«, wo sich die Bände aus Leder, Leinen und Pergament in strenger Ordnung türmen, faßt uns eine Ahnung an, daß der Grund der Welt ein geistiger ist, und gibt uns höhere Sicherheit.

Als wir uns das letzte Mal trafen, sagte er zu mir, daß er wohl lesend sterben werde.

Gaston Bachelard (1886–1962)

Ich war ein schlechter Schüler, schrieb er in »Siebzig verweht« 1994, *weil ich bis spät in die Nacht und manchmal bis zum Morgengrauen Bände verschlang, wie sie mir in die Hand fielen, seien es Schundromane oder klassische Werke, sogar solche, deren Inhalt ich nicht verstand. Das Lesen war für mich eine kultische Handlung, wie es als solche geehrt wurde, als es innerhalb der Völker nur kleine Eliten von Schriftkundigen gab.*

Gleich bei unserer ersten Begegnung hatte ich notiert, daß das Lesen für ihn eine Flucht, also ein Schutz oder besser gesagt eine Abschirmung war: Um mir seine Mißbilligung zu zeigen, daß ich ihn porträtierte, las er in einem Buch, was ich in der Tat wie ein Bollwerk bzw. einen Schutzwall empfand.

Den Schutzwallfaktor Lesen findet man bei Jünger immer wieder, u. a. in »Bücher und Lesen« aus dem Jahre 1974:

Der Palast des Lesers ist dauerhafter als jeder andere. Er überlebt die Völker, die Kulturen, die Kulte, ja die Sprachen selbst...
Ich glaube, ich erwähnte schon einmal den Mandarin, der in einer Kette von Delinquenten auf seine Hinrichtung anstand und in ein Buch vertieft war, während vorn das Köpfen seinen Fortgang nahm.

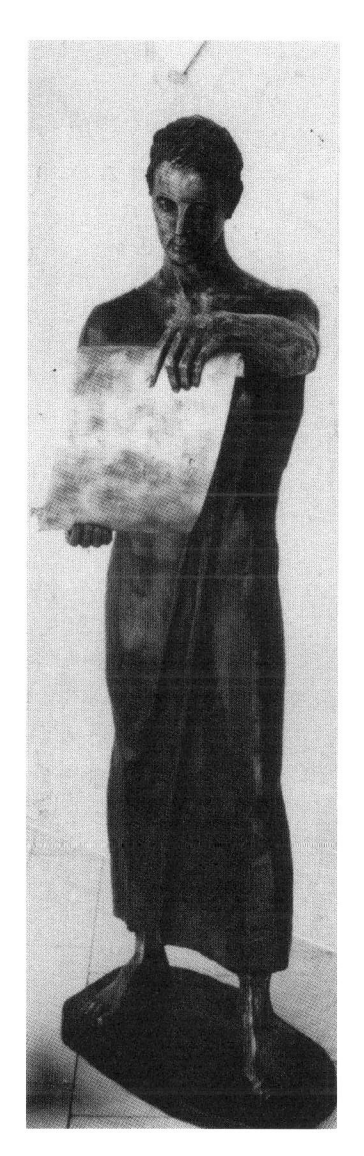

»Lektor«. Bronze, 1986

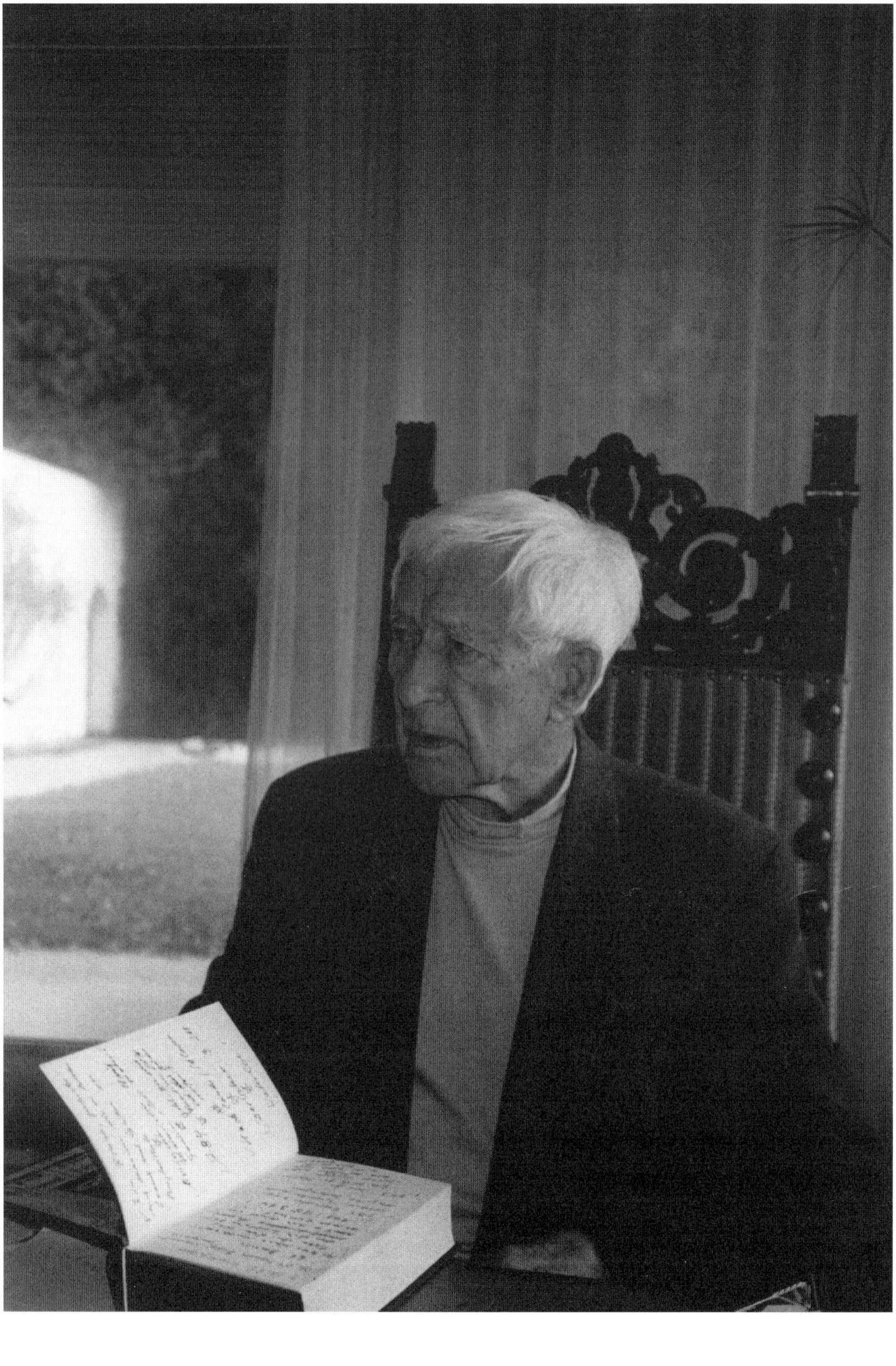

»Hund und Katz«
oder »daran erkennt man den Dichter«

Die große Zuneigung des Dichters zu Katzen war bekannt. Auf Photographien ist oft eine siamesische auf seinem Schoß zu entdecken. Als ich ihn zum letzten Mal traf, im Oktober 1997, bat er mich – unter vier Augen –, ihm bei meinem nächsten Besuch eine ganz junge Katze mitzubringen, möglichst eine siamesische! Folgende Sätze aus seinem wenig bekannten Essay »Hund und Katz« aus dem Jahre 1974 erhellen auf signifikante Weise, daß er, wie die meisten Dichter, diesem kleinen Raubtier besonders zugetan war:

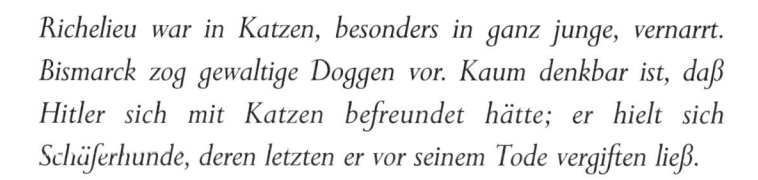

»Leonidas«, mein kretischer Kater

Richelieu war in Katzen, besonders in ganz junge, vernarrt. Bismarck zog gewaltige Doggen vor. Kaum denkbar ist, daß Hitler sich mit Katzen befreundet hätte; er hielt sich Schäferhunde, deren letzten er vor seinem Tode vergiften ließ.

Oder:
Baudelaire ist Freund der Katzen; er hat sie wie auch andere in ihrer Tiefe erfaßt. Daran erkannt man den Dichter.

Oder:
Dem musischen Menschen leistet die Katze besser Gesellschaft als der Hund. Sie stört die Gedanken, Träume, Phantasien nicht. Sie ist ihnen sogar günstig durch eine sphinxhafte Ausstrahlung.

Meine beiden Hunde.
Bronze, 1978

Die allzu bekannte Abneigung Jüngers gegenüber Hunden war mir immer unerklärlich, auch wenn ich glaubte, eine Erklärung dafür gefunden zu haben, als er mir seinerzeit bei seinem Besuch in Kreta erzählte, daß er von zwei molussischen Hunden angefallen worden sei. Ich muß gestehen, daß ich, der ich Hunde sehr liebe, erleichtert war, in oben erwähntem Essay die schönsten Zeilen, die jemals über die Freundschaft zwischen Mensch und Hund geschrieben worden sind, zu entdecken.

Ich hatte nur einmal einen Hund, eine Schäferhündin; und es war seltsam, wie stark das Tier wußte, daß es mir gehörte, obwohl ich viel an ihm versäumt habe. Es starb an der Staupe am Fußende meines Bettes in einem der Quartiere des ersten Weltkrieges. Ich saß vor ihm und bereute, wie ich immer bereut habe und auch Grund dazu hatte, wenn einer Abschied nahm. Es war eine stille Stunde, während die Schatten länger wurden, friedlich, fast außerhalb der Zeit. Luxi hatte goldbraune Augen und überströmte mich bis zum letzten Atemzuge mit Zärtlichkeit. Womit hatte ich das verdient? Da ging etwas vor, von dem ich nur ahnen konnte und dem sie näher war als ich.

Das Tier im Kosmos
oder »mörderische Züge«

Das ganze Werk Jüngers ist von Tieren aller Art bevölkert. Er hat die schönsten und rührendsten wie die genauesten Worte gefunden für Vögel, Schlangen, Insekten, Fische, Katzen und Hunde, die man sich nur vorstellen kann. Wer Jünger begreifen will, sollte wissen, daß das Tierreich für ihn eine noch größere Rolle spielte als das der Pflanzen, ja sogar des Menschen. In »Hund und Katz« lesen wir:

Die Macht des Tieres ist ungeheuer; dicht steht der Kosmos hinter ihm.

Der Mensch dagegen blieb in seinen Augen ein Art »katastrophales Tier« (Nietzsche), das für das Schlimmste – wie für das Gute – verantwortlich bleibt. Meine Statue »Save Ours Seas« in Bronze will nichts anderes ausdrücken, als was Jünger im »Sarazenenturm« mit Empörung feststellt:

Daher sind wir unfähig, der Ausrottung der wunderbaren Wesen vorzubeugen, die bis auf unsere Tage gekommen sind - trotz oder besser wegen unserer Wissenschaft, die mörderische Züge trägt. Hierher gehört die Massenschlachtung aller großen, schönen und edlen Tiere in unserer Zeit. Den Gipfel dieser Greuel stellt

Fischerdenkmal in Neustadt in Holstein. Bronze, 1994

Das Tier im Kosmos oder »mörderische Züge«

die unbarmherzige Verfolgung der Wale mit Flugzeugen, Radarstrahlen und schwimmenden Fabriken dar. Wunder der Urzeit, Gottes Spielzeuge, werden zu Kunstdünger vermahlen, zu Seife verkocht... Das sind die trübsten Stunden, in denen man befürchtet, daß sich alles in eine Zweigstelle der Schlachthäuser von Chicago oder der Zwangsarbeitslager am Eismeer verwandeln wird.

Die modernen Methoden der heutigen industriemäßig betriebenen Fischerei, die der Dichter als »mörderische Züge« bezeichnet hat, sind dank des Reeders Peter Deilmann durch mein Denkmal an den Pranger gestellt worden. Diese beiden Fischer, die in Neustadt in Holstein stehen, sollten daran erinnern, daß Fischer, die ihrer Arbeit nachgehen, u.a. auch den Schutz der Fischbestände im Auge behalten und auf »mörderische« Mittel verzichten.

Mein Freund, der Reeder Peter Deilmann, vor meiner Statue auf seiner SM »Deutschland«

Übrigens, als meine Statue »Save Our Seas« auf Sylt aufgestellt wurde, haben die neidischen Künstler der Insel einen Gegenangriff unter der Gürtellinie organisiert. Sie schrieben einen Artikel, in dem sie behaupteten, die Geste meiner Plastik wäre ein »Hitlergruß«. Ernst Jünger fühlte sich an seine eigenen Erfahrungen erinnert und schrieb in sein Tagebuch am 2.7.1990:

Serge Mangin hat eine Statue mit erhobener Hand gebildet; sie sei vor der Kritik gerühmt worden, bis einer bemerkt habe, die Pose sei von Hitler inspiriert.

Heute ist dies Statue auf etwa 15 verschiedenen Postkarten abgebildet. Sie ist das Wahrzeichen von

Westerland geworden und Treffpunkt der meisten Umweltorganisationen.

»Rettet unsere Meere« auf Sylt.
Bronze, 1989

Buddha und Kuros
oder von Weisheit und Kühnheit

Eine spezifische Ambivalenz charakterisierte Ernst Jünger. Einerseits war er ein Wissender, ein Weiser und ein Zeuge, andererseits war er aber ein neugieriger Junge geblieben, der »an die Schatzkammer der Welt noch glaubt«.

Zwei sich widersprechende Archetypen verkörperte der Dichter: Der sitzende Buddha, der über die Welt lächelt, und der griechische Kuros, der vor lauter Heiterkeit den ersten Schritt wagt und dabei auch noch jungfräulich lächelt. Vielleicht war diese Ambivalenz das, was das echte Geheimnis Jüngers ausmachte: Seine Erfahrung mündete bei ihm nicht in Pessimismus.

Logischer- ja notwendigerweise folgte seine Gesundheitstheorie dem Prinzip dieser Ambivalenz. Einmal erzählte er mir, er wüßte immer, wenn es Zeit wäre, seinen Körper wieder zu schonen. Exzesse waren ihm bekanntlich nicht fremd. Er brauchte sie, um sich in visionäre Situationen vorzuwagen, aber er fand immer rechtzeitig zur Normalität zurück.

In den letzten Jahren war Ernst Jünger manchmal mit einer Zigarette in der Hand zu sehen: Eine Falle, die er sich selbst stellte! Der Autor kokettierte gern, und es handelte sich um eine schlichte Pose, die nicht eines gewissen Humors entbehrte. Er hat sein Leben lang nie

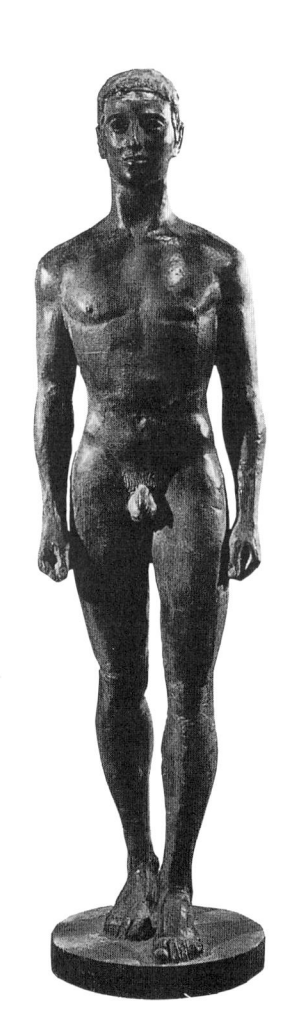

»Kuros«. Bronze, 1978

richtig geraucht, und die Zigaretten der letzten Jahre waren lediglich ein paar harmlose Wolken, die bereits wieder ausgestoßen wurden, bevor sie überhaupt geraucht waren!

Beim Alkohol sah die Sache ganz anders aus. Bis zu seinem Lebensende trank er eine Flasche Wein pro Tag, genauer gesagt »fast« eine Flasche – ein typisch Jüngerscher Trick: Jeden Abend ließ er etwa zwei Finger breit Wein in der Flasche stehen, um sagen zu können, er habe sie nicht leer getrunken. Am folgenden Abend holte er das allerdings nach, bevor er die nächste Flasche entkorkte.

Ich weiß auch, daß er noch im Dezember 1997 mit seinem Neffen in München eine Flasche Pernod vor dem Essen leerte!

Gesprächsweise behauptete er, daß die buddhistische Weltanschauung ihm mehr entgegenkäme als unsere abendländische. Kein Wunder, daß man in ihm oft einen buddhistischen Mönch zu entdecken glaubte: Mit seinen kalten Duschen, der kontemplativen Haltung und seinem Schweigen. Bewegung, kühne, körperliche und geistige Aktivitäten bis zum Übermut, wie bei den Helden Homers z.B. Odysseus, standen dem gegenüber als Bejahung des Lebens.

Dies alles subsumierte Jünger unter Gesundheit, wenn er im »Waldgang« schreibt:

Im Stande vollkommener Gesundheit, wie sie selten geworden ist, besitzt der Mensch auch das Bewußtsein dieser höheren Gestaltung, deren Aura ihn sichtbar umstrahlt. Bei Homer finden wir noch die Kenntnis solcher Frische, die seine Welt belebt.

Buddha und Kuros oder von Weisheit und Kühnheit

Wir finden freie Heiterkeit mit ihr verbunden, und in dem Maße, in dem die Helden sich den Göttern nähern, gewinnen sie an Unverletzbarkeit – ihr Leib wird geistiger.

»Buddha«. Bronze, 1985

Henry Miller
oder Zeit haben

Niemand würde auf die Idee kommen, zwischen Henry Miller und Ernst Jünger Gemeinsamkeiten zu suchen. Und doch treffen sich ihre Wege in kardinalen Punkten: Beide gehören sie zu den Privilegierten par excellence: Sie haben Zeit und erreichen dadurch den gleichen Freiheitsgrad.

Zeit haben führt notwendigerweise zu einer gemeinsamen Philosophie. Besonders bei wichtigen sozial-politischen Themen, wie man sich zum Beispiel der herrschenden Ordnung entzieht, lassen sich bei beiden Autoren ähnliche Folgerungen finden:

Ernst Jünger schrieb in »Prognosen« 1993:
Der Anarch ist autark. Er ist weder Anarchist noch Nihilist und von der Gesellschaft unabhängig, obwohl er, um seine Ruhe zu haben, deren Sitten und Riten befolgt.

Und Henry Miller in »Big Sur« 1942:
»Der wesentliche Punkt dabei ist, daß Individualisten sich nicht mehr damit befassen, ein verderbliches System zu unterminieren, sondern – am Rande der Gesellschaft – ihr eigenes Leben zu führen.«

Ernst Jünger

Prognosen

1993

Bernd Klüser
München

Henry Miller oder Zeit haben

Die Hymne an die Freiheit, Zeit zu haben, die wir in Millers »Koloß von Maroussi« genießen, finden wir auch bei Nietzsche, Erhart Kästner und Ernst Jünger. Übrigens, alle vier waren Verehrer der Antike, insbesondere Griechenlands!

In »Menschliches, allzu Menschliches« hatte Nietzsche 1878 geschrieben: »Alle Menschen zerfallen, wie zu allen Zeiten, so auch jetzt noch, in Sklaven und Freie; denn wer von seinem Tage nicht zwei Drittel für sich hat, ist ein Sklave ...«

Wie Henry Miller gegen die Sklaverei kämpft – und siegt –, konnte nur von Ernst Jünger so treffend formuliert werden. Seine Sätze in »Über die Linie« aus dem Jahr 1950 wirken wie präzise Luftbildaufnahmen:

In den Romanen Henry Millers wird das Geschlecht gegen die Technik ins Treffen geführt. Das Eros bringt Erlösung vom eisernen Zwang der Zeit; man vernichtet die Maschinenwelt, indem man sich ihr zuwendet.

Überflüssig zu erwähnen, daß Jünger wie kein anderer über das »Zeit haben« geschrieben hat. In seinem 1967 veröffentlichten »Subtile Jagden« lesen wir:

Zeit haben ist wichtiger als Raum haben. Raum, Macht und Geld sind Fesseln, soweit sie nicht Zeit geben. Die Freiheit ruht in der Zeit; hier hat der Einzelne gewaltige Macht – er kann sie sogar aufheben. Der Kampf, den er mit der Gesellschaft um Souveränität führt, geht daher im Kern um die Verfügung über die Zeit und ist reich an Tragödien, Opfern, Unterwerfungen, Triumphen, Kriegslisten ... Letzten Endes hat sich der Einzelne Rechenschaft zu geben, wie er die Zeit verwendet. Sie ist sein Eigentum.

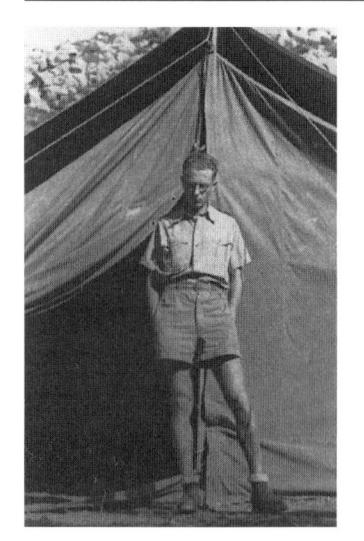

»Zeit und Geduld muß man haben: Zeit ist der natürliche Reichtum des Menschen und Geduld ist der Ausweis, daß man das Geburtsrecht auf diesen Reichtum besitzt.«
Erhart Kästner: »Ölberge, Weinberge«

Henry Miller oder Zeit haben

Kurz bevor ich anfing, Ernst Jünger zu porträtieren, ahnte ich noch nicht, daß ich während der Arbeit immer wieder an Henry Miller erinnert werden würde. Ich erwartete zwar, einen sensiblen Philosphen und visionären Dichter zu treffen, war aber andererseits darauf vorbereitet, eine preußische Strenge zu spüren. Welch angenehme Überraschung, einen freien, humorvollen Denker zu entdecken, der an einen schlauen Jungen erinnerte, der noch gerne die Schule schwänzen würde – mit einem verschmitzten Lächeln, das auch in meiner Büste von Henry Miller zu finden ist.

»Henry Miller«. Bronze, 1975

»Leuchttürme«
oder was bleibt

Hegels großer Gegenspieler und Hauptvertreter des Pessimismus Arthur Schopenhauer hat Ernst Jünger unauffällig immer begleitet. Unauffällig, weil Jünger erst in seinen letzten Jahren – 1993 bis 1995 – den brillanten Philosophen als einen seiner »Anreger«, »Erwecker«, »Leuchttürme« oder »großen Vordenker« erwähnt hat.

Dem Autor kommt ein hohes Alter insofern zugute, als er ein Fazit ziehen kann. Vielleicht ist sein Werk wie das der meisten, die in der Jugend Erfolg hatten, verschollen, so leicht entwickelt sich dieser oder jener Zweig zum Eigenleben. Die Arbeit geht weiter, und gerade im Alter wird die Annäherung dringender.
Doch es fragt sich, was bleibt: Von meinen drei Leuchttürmen: Hölderlin, Schopenhauer, Nietzsche – war nur dem mittleren der Blick auf eine postume Morgenröte gewährt.

Jünger hatte mit Schopenhauer vieles gemeinsam: eine kristallklare Vision von der Existenz und einen ungebrochenen Humor – quasi als Schutzwall.
Wie treffend hatte Schopenhauer in »Aphorismen zur Lebensweisheit« formuliert: »Dem intellektuell hochstehenden Menschen gewährt nämlich die Einsamkeit

einen zweifachen Vorteil: erstlich den, mit sich selber zu sein, und zweitens den, nicht mit den anderen zu sein«. Pessimismus und Illusionslosigkeit waren Jünger ebenfalls nicht fremd, sondern wesentliche Elemente seines Denkens. Allerdings war er nicht bereit, sich in irgendeiner Weise einengen zu lassen. Er brauchte gleichzeitig andere Komponenten wie die Liebe zur Antike (von Hölderlin), die Vision von den Titanen (von Nietzsche) und das »trunkene Schiff« (von Rimbaud).

Meine speziellen Anreger, man könnte sie auch Erwecker nennen, die den Charakter formen und sich ihm einprägen.
Rimbaud als Dichter
Schopenhauer als Denker ...

Ernst Jünger starb in den Tagen, als ich Schopenhauers Büste in Bronze gießen ließ ...

»Nietzsche«. Bronze, 1989

»Schopenhauer«. Bronze, 1997

Karl Martell
oder »was wäre gewesen, wenn«

Ernst Jünger war der Überzeugung, daß Karl Martells Sieg von Tours und Poitiers über die Araber im Jahr 732 genauso bedeutungsvoll war wie der Kreuzigungstod Christi um die Zeitenwende. Beide Ereignisse hätten das Schicksal des Abendlandes entscheidend bestimmt. Die Frage, die den Dichter immer wieder beschäftigt hat, war, ob der Ablauf der Geschichte nicht vorherbestimmt ist, d. h.

ob »nicht geschehene Ereignisse« sich auf lange Sicht oder gar weltgeschichtlich hätten auswirken können – also etwa ein Freispruch Jesu Christi durch Pontius Pilatus oder die Vernichtung des fränkischen Heeres durch die Araber ...?

Unter dem 12. Juni 1994 schreibt Jünger in »Siebzig verweht« ferner, daß der

Schicksalsdruck so stark werden kann, daß er, wenn nicht zu gleichen, so doch zu ähnlichen Lösungen führt. Um das Jahr Null war die Ablösung der Götter durch den Menschen fällig, und ein Sieg der Araber über Karl Martell hätte nur ein Datum innerhalb ihres unvermeidlichen Rückzuges aus Europa gesetzt.

»Karl Martell«. Wachs, 1994

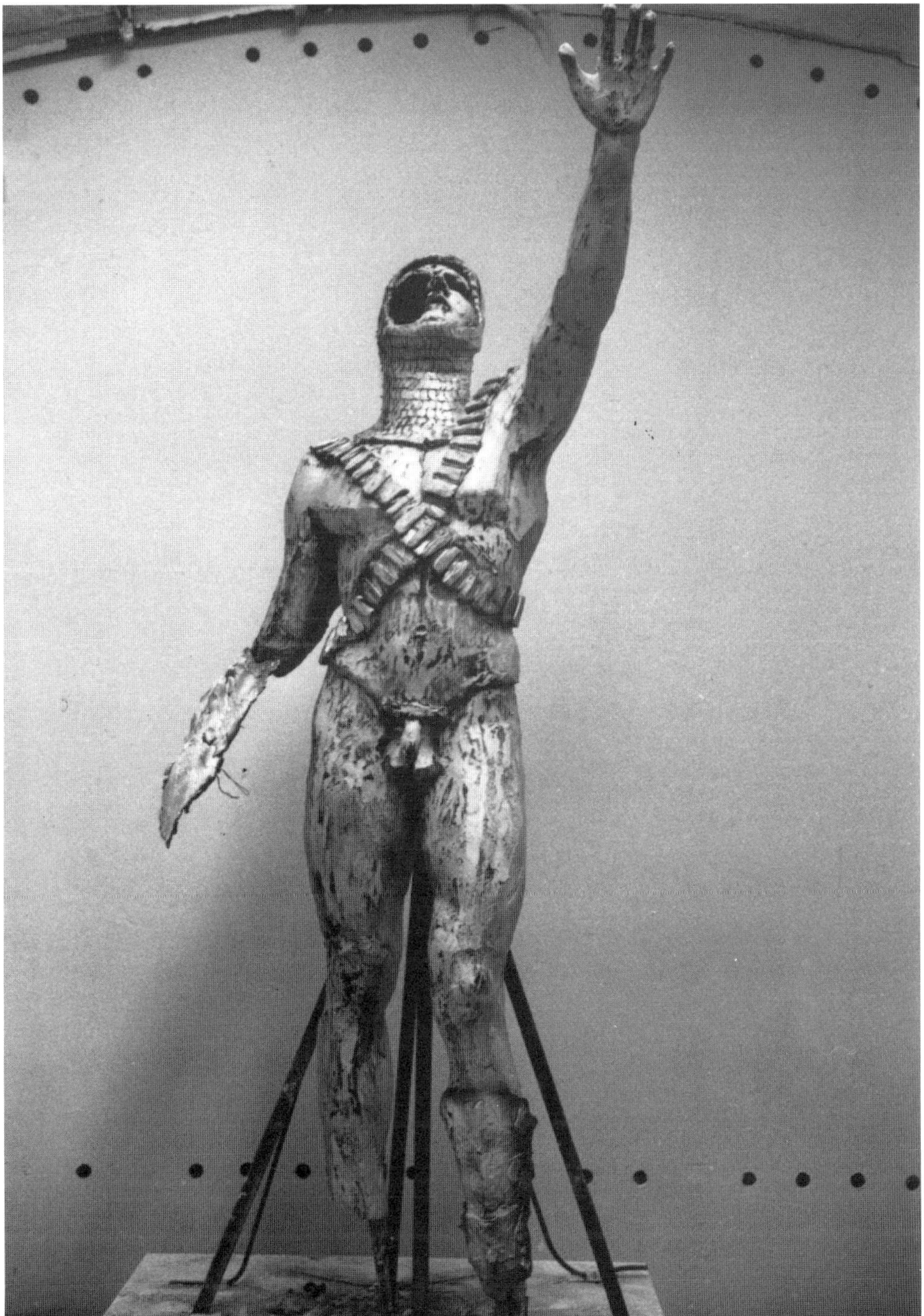

Karl Martell oder »was wäre gewesen, wenn«

Was wäre gewesen, wenn Alexander, Hannibal, Cäsar oder Hitler ... Fragen über Fragen, die uns immer wieder bewegen und faszinieren, aber ohne Antwort bleiben müssen.

Karl Martells Kampf gegen die islamische Invasion wie auch die Eroberung von Byzanz durch die Türken oder der »Untergang des Abendlandes« haben auch mich immer wieder stark beschäftigt. Jünger gefiel meine Statue von Karl Martell, gerade weil sie so »voller Widersprüche« sei: »Die Patronen des Kulturkämpfers finde ich sehr gut«, meinte er, fügte aber sogleich mit Genugtuung hinzu, daß dieser Kämpfer ziemlich kriegsmüde, ja, erschöpft, mehr betend als drohend wirke.

Vorhergehende Seite:
»Karl Martell«. Atelieraufnahme,
1994

Europa
oder »der gordische Knoten«

Begeisterung, Enttäuschung und Schmerz – des Dichters Biographie ist wie ein Seismograph. Als Zeuge dieses Jahrhunderts ist er bis ungefähr zur Mitte seines Lebens aktiv dabei:

1914 bis 1918 als Kriegsteilnehmer, der sieben Mal verwundet wird,
1919 bis 1932 als überzeugter Nationalist in der ungeliebten Republik von Weimar, der den »Arbeiter« als neue Weltgestalt postuliert,
1933 bis 1938 als seitens der Gestapo sein Haus durchsucht wird und er sein Buch »Auf den Marmorklippen«, das erste Signal des Widerstands gegen die Diktatur, veröffentlicht,
1939 bis 1943 als der Patriot Jünger wieder an die Front geht und
1944/1945 als sein Sohn in Italien fällt und Jünger seitens der Alliierten Publikationsverbot erhält.

Dieses Jahr 1945 stellt eine endgültige Zäsur dar: Der Autor verläßt die Arena der Ereignisse und wird zum Beobachter des Endspiels der Tragödie. Das Nahen des Weltstaates und der Triumph der Titanen werden nicht mehr zelebriert, sondern mit Skepsis und distanzierter

Trauer analysiert. Am Ende seines Lebens beschäftigt er sich hauptsächlich mit Pflanzen oder Tieren und – dem Wetter. Am 13. August 1995 schreibt seine Pariser Übersetzerin und Freundin Banine in ihr Tagebuch:

»Der liebe Jünger ruft mich alle Sonntage an. Übergangslos fragt er mich, wie das Wetter in Paris sei. Das Wetter ist zu seinem Hauptinteresse geworden, weil dieser Mann, der sich entschieden hat, in einem Dorf am Rande des Waldes zu leben, mit Leib und Seele mit der Natur beschäftigt ist.«

Diese Entwicklung von 1945 bis 1998 erfolgt in verschiedenen Wellen. In »Friede« aus dem Jahr 1945 sieht er noch mit Hoffnung dem kommenden Weltstaat entgegen:

Zum ersten Male ist die Erde, als Kugel, als Planet gesehen, Schlachtfeld geworden, und die Menschengeschichte drängt planetarischer Ordnung zu. Diese bereitet sich durch die Gliederung der Erde in große Lebensräume vor... Das ist kein Zufall, es ist das Zeichen, daß die Welt als Menschenheimat neue Form und neuen Sinn gewinnen will.

Dann, 1953, im »Gordischen Knoten« – meines Erachtens alarmiert von den kolonialen Konflikten Portugals, Großbritanniens, Hollands und Frankreichs - bedauert er, daß die Europäer ihre technischen Erkenntnisse den Ländern der Dritten Welt preisgeben:

Ein Fluch des Europäers scheint darin zu liegen, daß er zu seinem Unheil die Völker der Erde mit Kenntnissen versieht und

ausrüstet. *Seine Imperien sind in Verfall, seine Grenzen eingedrückt. Im Grunde ist es der Europäer, der die beiden letzten Kriege verlor.*

Diese Feststellung läßt übrigens keinen Platz für Rassismus. Im selben Werk schreibt er weiter:

Weltherrschafts- und Rassenpolitik zusammen zu betreiben, wie Hitler es wollte, gehört zu den Undingen. Man kann über Rassenfragen verschiedener Meinung sein. Man kann sie aber nicht verquicken mit ihrem Gegenteil. Die Art, in der Hitler sich von ihnen leiten ließ, gab nicht nur den Hauptgrund für das Scheitern seiner Pläne, sondern war von Anfang an das sichere Zeichen dafür, daß imperiale Substanz ihm mangelte.

Im Verlauf der Jahre wird Jüngers Entfernung zur europäischen Problematik immer größer. Seine letzte polemische Bemerkung artikulierte er, wenn ich mich recht erinnere, anläßlich einer Begegnung mit Georges Morel in den sechziger Jahren. Sinngemäß machte er sich lustig »über das Europa der einheitlichen Tomatenpreise von Marseille bis Kopenhagen«.

»Liebe zu Europa«.
Griechischer Marmor, 1986

Da ich um diese seine apolitische Einstellung wußte, habe ich es vermieden, mit ihm über Politik zu diskutieren. Das ging so weit, daß ich das Gefühl nicht los wurde, er hätte dies gar als eine Zumutung empfunden. Lediglich an zwei Sätze von ihm kann ich mich erinnern, die eine direkte politische Botschaft in sich trugen. Der eine bezog sich auf den Unabhängigkeitskrieg Algeriens: »Der Krieg in Algerien war ein Rassenkrieg«, und der andere betraf den demographischen Sturz

Europa oder »der gordische Knoten«

Europas im Hinblick auf die Bevölkerungsexplosion in der Dritten Welt: »Man sucht sich immer sein eigenes Messer«.

Eine Zeitlang ist mir der immer größer werdende Fatalismus Jüngers ein Rätsel gewesen. Heute noch fehlt mir bei ihm die vehemente, aber visionäre Unruhe eines Oswald Spengler, der in seinem 1918 erschienenen »Untergang des Abendlandes« schreibt:

»Der Untergang der Abendlandes ist ein philosophisches Thema, das in seiner ganzen Schwere begriffen alle großen Fragen des Seins in sich schließt.«.

Bei Jünger hätte ich mir auch eine so eindeutige Stellungnahme zum Thema Abendland vorgestellt, wie es Spengler formuliert hat. Allerdings muß ich mich einschränkend fragen, wie Oswald Spengler geschrieben hätte, wenn er – wie Jünger – Kenntnis von Auschwitz, Dresden, Hiroshima, der Berliner Mauer, Vietnam, Tschernobyl und der demographischen Kapitulation Europas gehabt hätte. Wie dem auch sei, Fatalismus und widersprüchliche Nostalgie mischen sich in den letzten Jahren Jüngers wie die Farben des Malers William Turner, der am Ende seines Lebens auf Landschaften verzichtete und nur noch Nebel und Unwetter malte...

In »Siebzig verweht V« aus dem Jahr 1995 finden wir einen dieser typischen melancholischen Töne:

Beim Blick in die Morgenzeitung beschleicht diesen und jenen das Gefühl, der letzte Deutsche zu sein.

Oswald Spengler (1880–1936)

Rechte Seite: »Freies Europa und müder Bildhauer«. Bronze, 1987

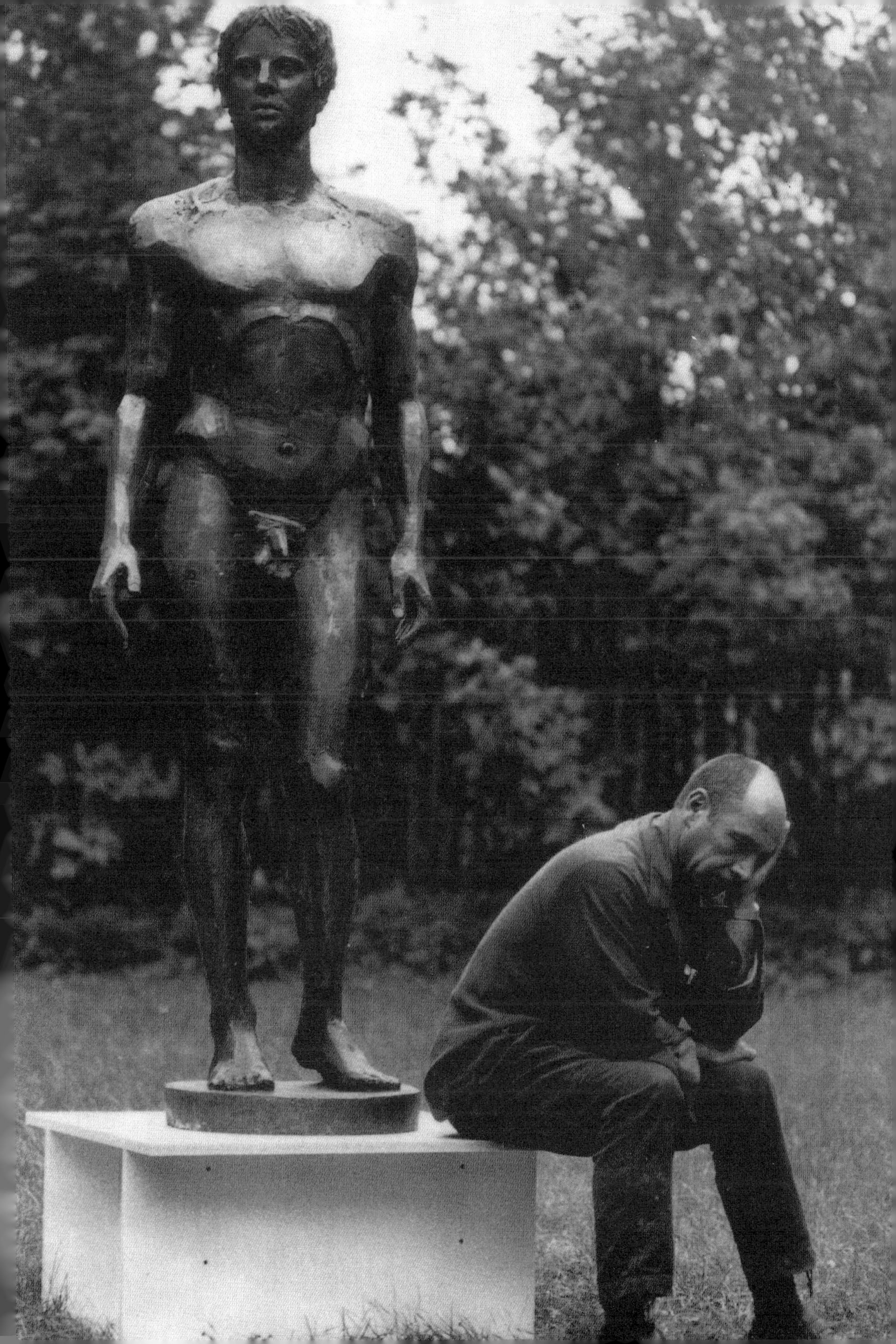

Als Jünger anläßlich seines 100. Geburtstages Rolf Hochhut bei einem Fernsehinterview gegenüber saß, formulierte er sein Desinteresse an der Politik mit den Worten »die Großwetterlage fände er interessanter als die Nachrichten«. Und im selben Jahr vertraute der Anarch seinem Tagebuch folgende stolze desillusionierte Sätze an:

Bei guter Sonne lasse ich Seifenblasen über den Garten und seine Blumen schweben; sie sind das Sinnbild des Vergänglichen und sie sind schön.

*

Meine Statue »Freies Europa« habe ich vor dem Fall der Mauer geschaffen. Wie das Bild zeigt, war auch ich der Politik überdrüssig, aber meine Vision hat sich wenigstens teilweise realisiert. François Scheer, unser Botschafter in Bonn, sagte darüber:

»Ist es nicht sonderbar, daß Sie im Jahr 1987 ein ›Freies Europa‹ in Bronze gegossen haben? Dieses Werk erinnert uns daran, daß der Künstler, der ›wahre‹ Künstler, oft ein Visionär ist, daß er oft seiner Epoche etwas voraus ist.«

Heute würde ich eine solche optimistische Statue nicht mehr machen. Ich habe nur noch den Wunsch, mich in die Berge zurückzuziehen, wie damals Céline und später Jünger, und in die Welt der Pflanzen und Tiere einzutauchen. Les héros sont découragés…

III

»Weiterleben zwischen verborgenen Schätzen«

»An diesem Oktobertag kam ich nicht ohne Bedenken zu den Jüngers. Seit ich das Portrait des alten Löwen modelliert und wir ein paar gemeinsame Tage auf Kreta verbracht hatten, waren bereits sieben Jahre vergangen. Und obwohl ich ihn zwischendurch regelmäßig wiedergesehen hatte, machte ich mir Gedanken. Wie würde es den beiden inzwischen gehen, vor allem ihm mit seinen 102 Jahren?

Dem ersten Eindruck nach war er – natürlich – alt geworden (soweit sich das von einem so hochbetagten Mann sagen läßt), aber der Zeit hatte er nicht nachgegeben! Er hatte an Gewicht und ›Vertikalität‹ verloren, aber der Blick war noch immer der gleiche: direkt, neugierig, subtil.

Meine zweite Empfindung war ein Gefühl des Unbehagens: Darf man einen Menschen, der mehr als ein Jahrhundert alt ist, überhaupt stören? Henry Miller hatte, neunzigjährig, den Satz eines chinesischen Weisen an seiner Tür angebracht, mit der der Ankömmling gebeten wurde, seinen Weg fortzusetzen und ihn selbst in Ruhe sterben zu lassen. Plötzlich schäme ich mich! Mein einziger Trost ist, hier ein auserwählter Gast zu sein: Die Jüngers empfangen niemanden

Tagebucheintrag vom 20.10.1997

Munich le 20.10.97.

Je ne suis pas arrivé sans appréhension chez les Jünger en ce mois d'octobre 1997. Sept années déjà se sont écoulées depuis que j'ai fait le portrait du Vieux Lion et que nous avons passé des vacances ensemble en Crète. Bien que je l'eusse revu depuis à intervalles réguliers, je m'inquiétais. ~~Ounsoliotodes~~ Comment allais-je les retrouver à présent, lui surtout, âgé de 102 ans ?

Ma première impression en le revoyant fut qu'il avait, certes, vieilli (si l'on peut parler ainsi d'un homme de cet âge!) mais sans céder au temps ! Il a perdu en poids et en verticalité mais le regard est le même : droit, curieux, subtil. Ma deuxième impression fut un sentiment de malaise : a-t-on le droit de déranger un homme de plus d'un siècle? Henry Miller, âgé de 90 ans, avait accroché sur sa porte la phrase d'un sage chinois priant le passant de continuer sa route afin qu'il puisse mourir en paix.

mehr, ausgenommen ›einige alte Freunde wie Sie‹, so wurde mir am Telefon gesagt ... Mit einem Mal wird mir die Großzügigkeit dieses alten Ehepaares klar.
Ich stelle fest, daß er manchmal nicht mehr antwortet; das ist neu! Einmal meine ich sogar, er sei eingeschlafen. Auf meine Frage, ob er noch schreibe, antwortet er mit einer Mischung aus Niedergeschlagenheit und Ironie: ›Ja, wenn mir etwas einfällt.‹ Und als ich ihn frage, ob er noch lese, erwidert er ein wenig entrüstet: ›Aber natürlich! Ich lese den ganzen Tag. Wahrscheinlich werde ich lesend sterben!‹ Diese Worte empfinde ich als etwas Wunderbares.«

»Weiterleben zwischen verborgenen Schätzen«

Es scheint, als würde er die Menschen kaum noch beim Namen nennen wollen, besser gesagt, ich frage mich, ob nicht die Menschen und ihre Dinge aufgehört haben, ihn zu interessieren, denn sobald man von Tieren zu sprechen beginnt, wird er plötzlich munter wie eine Schlange, die man geweckt hat. Ich sehe ihn aufstehen und mit kleinen Schritten ins Nebenzimmer gehen. Ich wußte es doch! Er kommt mit einem Reptil zurück: eine kleine Schildkröte, Symbol für langes Leben. »Sie heißt Hebe wie die Tochter des Zeus«, erklärt er stolz. Diese kindliche Freude läßt keine Senilität, sondern eine klare philosophische Entscheidung erkennen.

Wir erinnern uns fröhlich an unsere gemeinsamen Tage auf Kreta. Über Bäume und Pflanzen spricht er mit der gleichen Begeisterung wie über Tiere.

Der Dichter mit seiner Schildkröte »Habe«

Jüngers Aktenordner, bemalt wie die Hefte eines Schülers

Die Dialoge folgen im Tempo der Glut in seinen Augen.
»Was haben Sie für Bäume?«
»Maulbeerbäume.«
»Ach, ich liebe es, Maulbeeren aufzulesen. Wie heißen sie auf Griechisch? Übrigens, auf Kreta müssen die Trauben besonders prachtvoll sein …«
Dann erzählt er mir, daß er nach Zypern reisen wolle, falls seine Kräfte es ihm erlauben. Schließlich sei es »die Insel der Götter«, wie er hinzufügt. Das Mittelmeer scheint ihn an alles zu erinnern, was er liebt oder geliebt hat: eine Vision!
Wir sprechen über die Freude und die Geheimnisse des Übersetzens. Ich vergleiche es mit dem Gießen einer Skulptur in verschiedene Materialien. Dieser Gedanke gefällt ihm. Nebenbei erwähnt er, daß er keines seiner Bücher je wieder gelesen hat, dafür aber ihre Übersetzungen.

»Weiterleben zwischen verborgenen Schätzen«

Er trinkt jeden Tag Wein. Weiterhin stelle ich fest, daß er sich auch bei den vor ihm stehenden Keksen nicht zurückhält.

Im Fernsehen sieht er sich vor allem Tierfilme, aber auch die Nachrichten an. Ich spüre jedoch, daß sich sowohl Gegenwart als auch Vergangenheit von ihm lösen oder eben umgekehrt.

Wir unterhalten uns ausnahmsweise über aktuelle Spannungen in der Politik, die einige der Befürchtungen bestätigen, die er in seinem entscheidenden Werk »Der Waldgang« zum Ausdruck gebracht hat. Ich erfahre, daß die Dankesbriefe zu diesem Buch immer zahlreicher eingehen. Vom »Waldgänger« schlagen wir eine subtile Brücke zum Thema Lauschangriff, das derzeit die öffentliche Meinung in Deutschland beherrscht. Von seiner Frau kommt der bemerkenswerte Einwurf. »Ach, wer weiß, wie lange wir schon überwacht sind?« Ernst Jünger schweigt. Er hat schon ganz anderes mitgemacht ... Das Gespräch ist beendet. Ernst Jünger widmet mir vier Bücher. Seine Schrift ist nach wie vor traumhaft.

Nachts, auf der Heimreise, führt die Kolonne der Autoscheinwerfer wie eine Prozession durch den Wald. Aber meine Gedanken sind noch bei der Begegnung mit diesem im vergangenen Jahrhundert geborenen Mann. Der Sinn des Lebens erscheint mir plötzlich in seiner ganzen Unwichtigkeit. Wozu leben, wenn man doch – im besten Falle langsam und schmerzlos – sterben muß?
Aber Jüngers Noch-Da-Sein ist eine triumphierende Antwort auf derartige Fragen. Auf seine Art genießt er noch immer das Leben, vor dem wir solche Angst haben. Schließlich aber bin ich jenseits aller metaphysi-

schen Reflexionen traurig, von einem Freund Abschied genommen zu haben.

Mit Julien Gracq kann ich nur sagen: Ich werde »in dieser bereichernden und anregenden Vertrautheit seines Werkes weiterleben, wie man zwischen verborgenen Schätzen lebt«.

P. S. Der Dichter scheint seinen Tod nicht geahnt zu haben. Den Termin für die nächste Insektenbörse hatte er schon »angezettelt« ...

Die letzte große Expedition

Aus:
»Das abenteuerliche Herz«

Mögen wir niemals so alt werden, daß wir das rechte Lachen verlieren über die Taten derer, die plötzlich als Taugenichtse auf und davon gingen, weil ihnen die Bücher den Kopf verdrehten. Mögen wir im Gegenteil immer bei denen sein, die eines Morgens ausziehen, fest in den Steigbügeln und mitten in die Sonne hinein, mit dem festen Glauben an sich und die Schatzkammern der Welt.

»München 27. Februar 1997
Vergangene Woche ist Ernst Jünger gestorben. Aus diesem Anlaß haben alle Fernsehsender ihre Programme unterbrochen oder geändert. Das ist ein absolutes Phänomen. Dem inzwischen so materialistischen Deutschland scheint irgendwie bewußt geworden zu sein, daß es einen Meister kolossaler Dimension verloren hat. Was die meisten Deutschen aber nicht wußten, ist, daß er der letzte dieser Art war. Die Nachricht seines Todes war wie ein Erwachen in vertrauter Landschaft, in der plötzlich ein Berg fehlt.
Fast alles, was in der deutschen Politik und Kultur Rang und Namen hat, glänzte bei Jüngers Beerdigung in Wilflingen durch Abwesenheit!«

Die »Frankfurter Allgemeine Zeitung« schrieb, Rolf Hochhuth sei der einzige Schriftsteller gewesen, der Jünger die letzte Ehre erwiesen habe. »Sollte das wahr sein – ich vermag's nicht zu glauben – so wäre das eine Schande für unsere Akademien«, schrieb dieser in seinem Nachruf auf den Dichter. »Wahr ist, daß die Bundesregierung nicht nennenswert vertreten gewesen ist, auch eine Schande ... Immerhin haben drei Generale der Bundeswehr dem letzten Träger des Pour le mérite das letzte Geleit gegeben.«

»Sein Bestes wird man lesen, solange man Deutsch liest.«

»München, 5. 5. 1998
Kleiner erfreulicher Trost: Eine prachtvolle, sehr gelungene Briefmarke mit Kopf von Ernst Jünger ist bei der deutschen Post erschienen, gute fünf Jahre nach der der französischen Post!
Eine späte Ehrenrettung für Jünger!«

Bereits im Frühjahr 1993 war in Frankreich eine Briefmarke mit dem Bild des Dichters aufgetaucht, was dieser in »Siebzig verweht V« folgendermaßen kommentierte:

Wilflingen, 5. April 1993
Bei der französischen Post ein Brief mit einer Marke, die mein Photo trägt. Sie ist gestempelt – dazu die Unterschrift: »Ernst Jünger, Chasseur subtil«.
Ich hatte das Kuriosum zunächst übersehen, wurde aber durch ein Zitat des Adressanten darauf aufmerksam gemacht:
»Heut gibt es nichts Schädlicheres als Ehrungen. Wenn man erst auf den Hund gekommen ist, kommt man auch auf die Briefmarken (E. J. am 17. November 1973).«

Die letzte große Expedition

Offenbar hat sich ein versierter Leser einen Scherz erlaubt.

P.S.: Der Briefumschlag erwies sich bald darauf als nützlich – ich hatte ihn, um ihn Mitterrand zu zeigen, vor einem Besuch im Elysée eingesteckt. Leider hatte ich meinen Paß vergessen – ich konnte statt dessen diese Briefmarke vorweisen, was von der Wache mit gebührendem Respekt akzeptiert wurde.

»Man weiß erst, wie ein Mensch gelebt hat, wenn man weiß, wie er gestorben ist.« Dieser Satz des griechischen Dichters und Staatsmannes Solon hat mich lange beschäftigt. Wir empfinden Zeit nicht linear, sondern nach Emotionen, und die letzte Sekunde ist womöglich die Summe aller vorangegangenen. Wie dem auch immer sei, Ernst Jünger ist sanft entschlafen – ohne ein Wort. Er hatte kein Schmerzmittel nehmen müssen und verstarb in den Morgenstunden. Seine Frau war bei ihm und erzählte mir: Als er starb, wurden seine Gesichtszüge ruhig und zufrieden wie diejenigen eines schlafenden Jünglings. Diese Nachricht bewegte und beglückte mich zugleich.

Solon. Antike Marmorbüste

Aus freien Stücken und im Vollbesitz seiner geistigen Kräfte hatte er eingewilligt, ins Krankenhaus zu gehen. Obwohl von Tag zu Tag schwächer, drückte er den Wunsch aus, noch einmal nach Sumatra zu fahren – wie einst Rimbaud kurz vor seinem Tod nach Afrika. Seit einigen Wochen nahm sein Magen keine Nahrung mehr auf. Er konnte kaum noch trinken, bevor er »die letzte große Expedition« antrat...

Rechte Seite: Grabstein für einen unbekannten Ritter. Muschelkalkstein, 1978

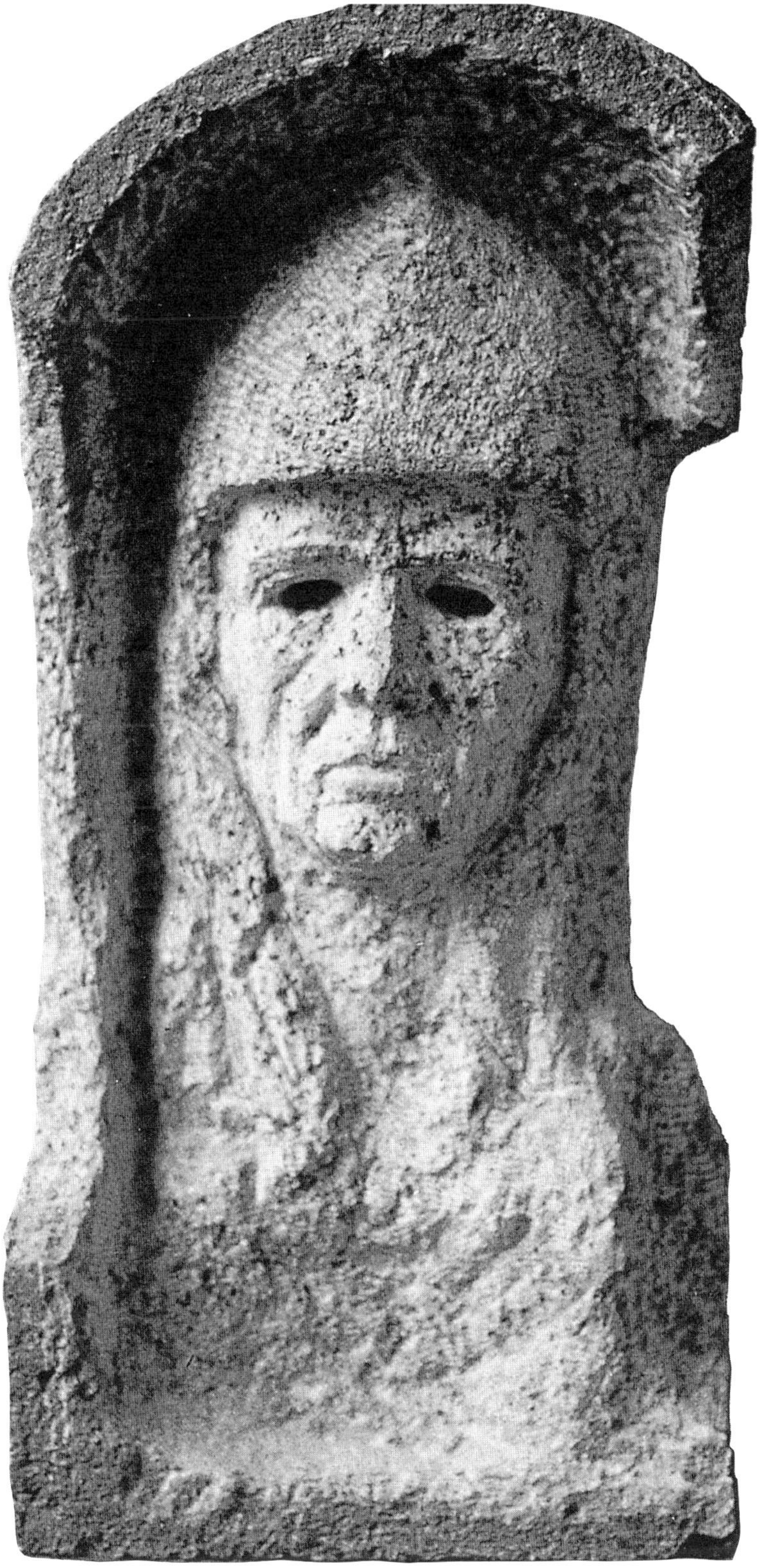

Lebensdaten E. Jünger

1895	Geboren am 29.3. in Heidelberg
1901 –1912	Schule in Hannover, mehrfacher Schulwechsel wegen schlechter Zensuren. Übersiedlung der Familie nach Rehburg.
1913	Fremdenlegion. Einige Wochen später auf Intervention des Vaters entlassen.
1914	Notabitur in Hannover und Student in Heidelberg. Meldet sich am 1.8. als Kriegsfreiwilliger, nach drei Monaten Grundausbildung kommt er an die Front in Frankreich.
1915	Am 24.4. zum ersten Mal verwundet.
1916	Im August zum zweiten Mal, im November zum dritten Mal verwundet. Eisernes Kreuz Erster Klasse.
1917	Schwere Verwundung. Verleihung des Ritterkreuzes.
1918	Im März zum sechsten Mal, im August zum siebten Mal verwundet. Im September wird ihm die höchste Kriegsauszeichnung, der Orden Pour le Mérite, verliehen.
1919	Eintritt in die Reichswehr.
1920	*In Stahlgewittern.* (Im Selbstverlag)
1921	*Der Kampf als inneres Erlebnis.*
1923	Ausscheiden aus der Reichswehr. Studium der Philosophie in Leipzig. Neapel.
1924	*Das Wäldchen 125.* Studium der Zoologie.
1925	Fortsetzung des Studiums in Neapel. Heirat.
1926	Geburt des Sohnes »Ernstel«. Abbruch des Studiums. Mitarbeit bei der Wochenschrift »Standarte«.
1927	Frankreich. Übersiedlung nach Berlin. Ablehnung eines Reichstagsmandates von seiten der Nationalsozialisten. Arbeit an *Das Abenteuerliche Herz.*
1928	Publizistische Tätigkeit.
1929	Sizilien. *Das Abenteuerliche Herz.*
1930	Mitarbeiter zahlreicher politischer Zeitschriften.
1931	Balearen.
1932	Dalmatien. *Der Arbeiter. Herrschaft und Gestalt.*
1933	Hausdurchsuchung durch die Gestapo. Jünger lehnt die Berufung in die »Deutsche Akademie der Dichtung« ab. Übersiedlung der Familie nach Goslar.
1934	Geburt des Sohnes Alexander. *Die Totale Mobilmachung.*
1935	Norwegen.

1936	Brasilien, Kanarische Inseln und Marokko. *Afrikanische Spiele*. Übersiedlung nach Überlingen.
1937	Paris. Begegnung mit Julien Green und André Gide.
1938	Rhodos. *Das Abenteuerliche Herz* (zweite Fassung).
1939	Umzug nach Kirchhorst bei Hannover. *Auf den Marmorklippen*. Beförderung zum Hauptmann. Im November an der Front.
1940	Verleihung des Eisernen Kreuzes Zweiter Klasse.
1941	Paris. Versetzung in den Stab des Militärbefehlshabers Frankreich Karl-Heinrich von Stülpnagel.
1942	Publikationsverbot nach Veröffentlichung von *Gärten und Straßen*. Inspektionsreise an die russische Front. Paris, Begegnungen mit Sacha Guitry, Cocteau, Jouhandeau, Giraudoux, Léautaud, Paulhan, Céline, Gallimard, Paul Morand, Braque, Picasso, Montherlant.
1943	Tod des Vaters. Arbeit an *Friede*.
1944	Verhaftung des Sohnes »Ernstel« wegen subversiver Gespräche, Kriegsgericht und »Frontbewährung«. »Ernstel« fällt am 29.11. in Italien. Entlassung aus dem Heeresdienst im September.
1945	Publikationsverbot in der englischen Besatzungszone.
1946	*Der Friede. Ein Wort an die Jugend Europas und an die Jugend der Welt*.
1947	*Atlantische Fahrt* (für deutsche Kriegsgefangene).
1948	Übersiedlung nach Ravensburg.
1949	Begegnung mit Martin Heidegger. *Strahlungen*.
1950	Übersiedlung nach Wilflingen in Oberschwaben. *Über die Linie*.
1951	*Der Waldgang*.
1953	*Der gordische Knoten*.
1954	*Das Sanduhrbuch*. Sardinien.
1955	Literaturpreis der Stadt Bremen. *Am Sarazenenturm*.
1956	Toscana.
1957	Sardinien.
1958	*Jahre der Okkupation (Die Hütte im Weinberg)*. USA.
1959	Griechenland. Verleihung des Großen Verdienstkreuzes der BRD.
1960	Tod von Gretha Jünger. *Der Weltstaat. Sgraffiti*.
1961	Syrien, Jordanien und Libanon.
1962	Heirat in Wilflingen mit Liselotte Lohrer, geb. Bäuerle. Ägypten, Sudan, Sinai und Spanien.
1964	Griechenland.

1966	Korsika und Angola.
1967	Paris. *Subtile Jagden.*
1969	Agadir.
1970	Kanarische Inseln und Paris. *Annäherungen. Drogen und Rausch.*
1971	Kreta und Nizza.
1972	Paris, Tunesien, Türkei.
1973	Ceylon, Paris, Tunesien, Schweiz.
1975	Frankreich.
1976	Griechenland und Liberia.
1977	Paris. Verleihung des Sterns zum Großen Verdienstkreuz der BRD. Tod des Bruders Friedrich Georg, Marokko, Sizilien.
1979	Médaille de la Paix der Stadt Verdun, Liberia, Griechenland, Paris.
1980	Paris und Griechenland. *Siebzig verweht I.*
1981	Singapur und Griechenland. *Siebzig verweht II.*
1982	Paris. Goethe-Preis der Stadt Frankfurt am Main. Besuch von Jorge Luis Borges.
1983	Portugal, Ausgabe der *Sämtlichen Werke in 18 Bänden*
1984	Begegnung mit François Mitterand und Helmut Kohl in Verdun. Santorin.
1985	Neuauflage *Der Arbeiter. Herrschaft und Gestalt.* Besuch des französischen Staatspräsidenten Mitterand und des Bundeskanzlers Helmut Kohl in Wilflingen. Zypern und Paris.
1986	Malaysia, Sumatra und Schweiz.
1987	Griechenland, Frankreich und Italien.
1988	Paris (mit Bundeskanzler Kohl). Seychellen.
1989	Mauritius und Spanien.
1990	Frankreich, Schweiz und Kreta.
1993	Tod seines Sohnes Alexander, *Siebzig verweht III.*
1994	*Siebzig verweht IV.*
1995	Jünger wird 100 Jahre alt. Besuch des Bundeskanzlers in Wilflingen. Herzinfarkt.
1997	*Siebzig verweht V*
1998	Tod Ernst Jüngers am 17. Februar.

Werkverzeichnis E. Jünger

1920 *In Stahlgewittern. Aus dem Tagebuch eines Stoßtruppführers*, Hannover.

1922 *Der Kampf als inneres Erlebnis*, Berlin.

1925 *Das Wäldchen 125. Eine Chronik aus den Grabenkämpfen 1918*, Berlin.
Feuer und Blut. Ein kleiner Ausschnitt aus einer großen Schlacht, Magdeburg.

1929 *Das Abenteuerliche Herz. Aufzeichnungen bei Tag und Nacht*, Berlin.

1931 *Die totale Mobilmachung*, Berlin.

1932 *Der Arbeiter. Herrschaft und Gestalt*, Hamburg.

1934 *Blätter und Steine*, Hamburg

1936 *Afrikanische Spiele*, Hamburg.

1938 *Das Abenteuerliche Herz. Figuren und Capriccios. Zweite Fassung*, Hamburg.

1939 *Auf den Marmorklippen*, Hamburg.

1942 *Gärten und Straßen. Aus den Tagebüchern von 1939 und 1940*, Berlin.

1943 *Myrdun. Briefe aus Norwegen.* (Einmalige Feldausgabe für die Soldaten im Bereich des Wehrmachtbefehlshabers in Norwegen).

1945 *Der Friede. Ein Wort an die Jugend Europas und an die Jugend der Welt*, Hamburg.

1947 *Atlantische Fahrt.* (Kriegsgefangenenhilfe des Weltbundes der Christlichen Vereine Junger Männer in England), London.

Sprache und Körperbau, Zürich.

1948 *Ein Inselfrühling. Ein Tagebuch aus Rhodos. Mit den sizilianischen Tagebuchblättern »Aus der Goldenen Muschel«.* Zürich.

1949 *Strahlungen*, Tübingen.

Heliopolis, Rückblick auf eine Stadt. Tübingen.

1950 *Über die Linie*, Frankfurt am Main.

1951 *Der Waldgang*, Frankfurt am Main.

Am Kieselstrand, Frankfurt am Main.

1952 *Besuch auf Godenholm*, Frankfurt am Main.

Drei Kiesel, Frankfurt am Main.

1953 *Der gordischen Knoten*, Frankfurt am Main.

1954 *Das Sanduhrbuch*, Frankfurt am Main.

1955 *Am Sarazenenturm*, Frankfurt am Main.

1956 *Rivarol*, Frankfurt am Main.

1957	*Gläserne Bienen*, Stuttgart.
	Serpentara, Zürich.
	San Pietro, Olten.
1958	*Jahre der Okkupation*, Stuttgart.
	Mantrana. Einladung zu einem Spiel, Stuttgart.
1959	*An der Zeitmauer*, Stuttgart.
1960	*Sgraffiti*, Stuttgart.
	Der Weltstaat. Organismus und Organisation, Stuttgart.
	Ein Vormittag in Antibes, Olten.
1962	*Das spanische Mondhorn*, Olten.
1963	*Sturm*, Olten.
	Typus – Name – Gestalt, Stuttgart.
	Geheimnisse der Sprache, Frankfurt am Main.
	Fassungen, München
	An Friedrich Georg zum 65. Geburtstag, München.
1964	*Dezember – »Bois de Noel«.* Zürich
1965	*Grenzgänge*, Olten.
	Neunte Sardinienreise, Biberach.
	In Totenhäusern, Stuttgart.
1966	*Grenzgänge. Essays, Reden, Träume*, Stuttgart.
1967	*Subtile Jagden*, Stuttgart.
	Im Granit. Tagebuch der Korsikareise Mai–Juni 1966, Olten.
1968	*Zwei Inseln. Formosa. Ceylon*, Olten.
1969	*Carabus Rutilans*, Biberach.
	Federbälle, Biberach.
1970	*Annäherungen. Drogen und Rausch*, Stuttgart.
	Ad hoc, Stuttgart.
	Lettern und Ideogramme, Olten.
	Träume, Arbon.
1971	*Sinn und Bedeutung. Ein Figurenspiel*, Stuttgart.
	Ernst Jünger, Alfred Kubin. Briefe, Biberach.
1972	*Philemon und Baucis. Der Tod in der mythischen und in der technischen Welt*, Stuttgart.

1973	*Die Zwille*, Stuttgart.
	Post nach Princeton, Biberach.
1974	*Zahlen und Götter. Philemon und Baucis. Zwei Essays*, Stuttgart.
1976	(Mit Wolf Jobst Siedler) *Bäume. Essays. Gedichte und Bilder*, Frankfurt am Main.
1977	*Eumeswil*, Stuttgart.
1978	*Paul Léautaud. In Memoriam*, Stuttgart.
1979	*Über Sprache und Stil*, Biberach.
1980	*Siebzig verweht I*, Stuttgart.
1981	*Siebzig verweht II*, Stuttgart.
1983	*Aladins Problem*, Stuttgart.
	Maxima-Minima. Adnoten zum »Arbeiter«, Stuttgart.
	Flugträume, Bayreuth.
1984	*Autor und Autorschaft*, Stuttgart.
	Aus der Goldenen Muschel. Gänge am Mittelmeer, Stuttgart.
1985	*Eine gefährliche Begegnung*, Stuttgart.
1987	*Zwei Mal Halley*, Stuttgart.
1990	*Die Schere*, Stuttgart.
	Zeitsprünge. Träume, Stuttgart.
1993	*Siebzig verweht III*, Stuttgart.
	Prognosen, München (Der Text wurde erstmals in der »Zeit« unter dem Titel »Gestaltwandel« veröffentlicht)
1994	*Notizblock zu Tausendundeine Nacht*, St. Gallen.
	Siebzig verweht IV, Stuttgart.
1995	*Nigromontanus*, Hamburg.
1997	*Siebzig verweht V*, Stuttgart

Quellenangaben

Der Langen-Müller-Verlag dankt dem Klett-Cotta-Verlag in Stuttgart für die freundliche Abdruckgenehmigung aus folgenden Werken Ernst Jüngers:

Ernst Jünger: Sämtliche Werke in 18 Bänden:
Band 1. Der Erste Weltkrieg (In Stahlgewittern / Das Wäldchen 125 / Kriegsausbruch 1914), 1978.
Band 3. Strahlungen II (Das zweite Pariser Tagebuch), 1979.
Band 6. Reisetagebücher (Am Sarazenenturm), 1982.
Band 7. Betrachtungen zur Zeit (Der Kampf als inneres Erlebnis / Der Friede / Über die Linie / Der Waldgang / Der Gordische Knoten / Der Weltstaat), 1980.
Band 8. Der Arbeiter (Der Arbeiter / An der Zeitmauer), 1981.
Band 10. Subtile Jagden (Subtile Jagden), 1980.
Band 11. Annäherungen (Annäherungen / Hund und Katz / Bücher und Leser), 1978.
Band 12. Fassungen I (Das Sanduhrbuch / Der Baum / Philemon und Baucis), 1979.
Band 13. Fassungen II. (Autor und Autorschaft), 1981.
Band 15. Erzählungen (Afrikanische Spiele / Auf den Marmorklippen), 1978.

Ernst Jünger: Die lieferbaren Einzelausgaben:
Das Abenteuerliche Herz. Zweite Fassunge. Figuren und Capriccios, 14. Auflage 1979.
Das Abenteuerliche Herz. Erste Fassung. Aufzeichnungen bei Tag und Nacht, 2. Auflage 1995.
An der Zeitmauer, 2. Auflage 1998.
Der Arbeiter. Herrschaft und Gestalt, 2. Auflage 1982.
Auf den Marmorklippen, 17. Auflage 1995.
Autor und Autorschaft, 1984.
Der Gordische Knoten, 4. Auflage 1954.
In Stahlgewittern, 39. Auflage 1998.
Maxima – Minima. Adnoten zum »Arbeiter«, 1983.
Paul Léautaud. In memoriam, 1980.
Rivarol, 1989.
Sgraffiti. Jubiläumsausgabe 1985.

Abbildungsnachweis

Alle Abbildungen aus den Privatarchiven der Familie Jünger
und des Autors, außer:
Sammlung C. Weber (Seiten 57, 60, 75, 76, 100) und
Peter Deilmann (Seite 84)